リベラルのことは嫌いでも、リベラリズムは嫌いにならないでください

井上達夫の法哲学入門

井上達夫

毎日新聞出版

リベラルのことは嫌いでも、リベラリズムは嫌いにならないでください

井上達夫の法哲学入門

目次

第一部　リベラルの危機　5

第二部　正義の行方　73

装幀　水戸部功

第一部

リベラルの危機

（聞き手・毎日新聞出版書籍本部　志摩和生）

信用失墜

――リベラルの評判が悪い。以前からその傾向がありましたが、とくに昨年（二〇一四）の朝日新聞の件（慰安婦報道検証記事のあり方を批判した池上彰氏のコラムを、上層部の意向で掲載拒否しようとしたことがわかり、世の非難を浴びた）は、象徴的であり、決定的でした。

朝日新聞の問題は、リベラルの問題というより、まずは巨大権力化したメディアの問題だと思う。経営陣が編集現場に介入してくることに対する、内部からの批判的チェックが弱まっていた。大組織ならではの「ことなかれ主義」が広がっていたのではないかと感じました。

それは朝日だけでなく、同じような問題は、ほかの大きなメディアにもあるでしょう。だけど、かりに読売新聞に同じ問題があるとして、読売はもともとそんなにきれいごとは言わない。やっぱり、きれいごとを言っていた朝日が内部の腐敗を見せてしまったから、世間の反発が強かったんだと思う。

そこにリベラルの問題があるとは言える。リベラルが、言っていることとやっていることが違うという、ダブルスタンダードを見せたら、リベラルの主張そのものが自壊してしまう。

——しばらく前から、リベラルは人気がない。出版界にいればひしひしと感じます。かつてないほど保守的な本や雑誌が売れている。ネットの世界でも同じか、それ以上に保守派が強い。かつての、それこそ岩波朝日文化の全盛期を知る者には、隔世の感があります。

むかしは、リベラルという言い方は、一般的でなかった気がする。リベラル対保守という言い方が広まったのは、冷戦が終わったあとじゃないかな。

——そうですね、それまでは、革新対保守という言い方のほうが一般的だったでしょう。革新陣営、進歩派、平和勢力……そのころはマルクス主義も論壇や大学とかで元気でした。要するに同伴者が多かった。それがこうなったのは、やはりベルリンの壁崩壊からでしょうか。

事態はもっとややこしいでしょう。「革新」と言っても、日本ではマルクス主義のような左翼と、リベラルとは、それほど一致していなかった。いわゆる岩波朝日文化を支えたのは、象徴的には丸山真男とか、法学では川島武宜、経済史の大塚久雄といった人たちだと思うけれど、彼らは左翼ではない。右翼という「敵」を共有する同盟関係があったとしても。そして、彼らの人気というか、影響力が衰えたのは、ベルリンの壁の崩壊以前で、一九八〇年代にポストモダンが大流行して「近代主義者バッシング」の集中砲火がすでに彼らにあびせられていました。

もちろん、そのあとの冷戦の終了の影響はあるでしょう。マルクス主義が自壊した後、保守の攻撃衝動がリベラルに集中的に向けられた。要するに、左翼、リベラルといった、保守に対抗する勢力が衰えていった過程は、何段階かに分かれるのではないか。

終戦直後を支配した空気は、やっぱり大日本帝国という巨大な信仰体系の崩壊による大きな虚無感と、この虚無を埋め合わせてくれるものへの強い欲求だったでしょう。そのダメだった大日本帝国に替わる理念を提示していると思われたのが戦後憲法で、その理念は、進歩的文化人と呼ばれたリベラルな知識人たちがいちばんよく理解している、という、期待というか、信仰があった。そこでは、知的エリートと護憲、リベラルとが結びついていた。

しかし、戦後七〇年たって、大日本帝国への失望の記憶も遠くなり、戦後憲法の魅力も色あせて、今やリベラルのエリート主義と偽善性、欺瞞性ばかりが目立つようになった、と。

——進歩的文化人のエリート臭と偽善性は、私も子供のころから感じていました。受験戦争はよくない、と言っている当の評論家たちが、東大を出ている受験勝者だったりする。

リベラルとエリート主義が結びつき、嫌われているのは日本だけではないけどね。アメリカなどでもその傾向は強い。

ただ、あなたはリベラルの主張全般が信用と人気を失ったように言うけれど、私は必ずしもそう感じていません。

自由市場経済中心主義と小さい政府を唱道する立場がリベラルと思われた時代もありましたが、今はこの立場は「リバタリアン」と呼ばれている。保守対リベラルという図式では、今は、社会経済政策については、保守がリバタリアンで、リベラルはむしろ福祉国家擁護論とみなされている。不公正な格差を減らすとか、社会保障を充実させるとか、そういった福祉国家的主張の部分では、リベラルは、ビジネスの世界は別として、一般の国民のあいだでそれほど大きくは支持を失っていないと思う。むしろ今の日本で、ますます必要とされているのではないか。

信用を失っているのは、エリート主義で偽善的なリベラルとか、欺瞞性を強める護憲派とか、そういった部分だと思う。それは、信用を失って当然だと私は思っています。

「自由主義」にあらず

――そもそもリベラルとは何でしょう。それが「リベラリズム」から来ているのはわかりますが、そもそもリベラリズムとは何か。それが意外に語られない。

リベラリズムは「自由主義」と訳されるから、経済的自由、「ネオリベ」みたいなものと誤解混同されるしね。岩波書店の、一九九八年に第一刷が刊行された『哲学・思想事典』でも、リベラリズムは「自由主義」という項目でエントリーされている。実はこの項目を書いたのは私です。項目名は定訳にするという編集部の方針に従いました。しかし、自分としてはリベラリズムを「自由主義」とするのは誤訳だと思っているから、音読みのカタカナのまま使っています。

あるとき、岩波の『思想』という雑誌の編集部から、リベラリズム特集号をつくるから企画をやってくれと頼まれました。その特集号は二〇〇四年に出ることになるんですが。

そのときに、担当編集者から聞いたのだけど、『思想』はこれまで一度もリベラリズムを特集したことがないという。その時点で戦後六〇年くらいたっているのに、日本の思想界で老舗《しにせ》としての権威をもつ雑誌が、一度もちゃんとリベラリズムにスポットライトをあてたことがなかったというのは、それ自体興味深い思想史的事実です。

その『思想』のリベラリズム特集号で、私は「リベラルの基本的な価値は自由ではなく正義だ」という趣旨の基調論文を書きました。それが私のリベラリズム理解です。無理に日本語にするのなら、「正義主義」とでも言ったほうがいい。

――呼び名にこだわるなら、リベラリズムの周辺にはさまざまな言葉がありますね。リベラル、リベラリスト、リバタリアン。先ほど出た「ネオリベ」、ネオ・リベラリズム。

ネオリベとはまったく逆の、自由を実質的に保障するために福祉国家を要請する思想が一九世紀末から第一次大戦後にかけて英国で台頭し、これが思想史上はニューリベラリズムと呼ばれていました。

しかし、そういう言葉の仕分けをするより、私がリベラリズムをどう理解しているかを、ここでは率直に話しましょう。

啓蒙と寛容

リベラリズムとは何か。リベラリズムには二つの歴史的起源があります。「啓蒙《けいもう》」と「寛容」です。

啓蒙主義というのは、理性の重視ですね。理性によって、蒙《もう》を啓《ひら》く。因習や迷信を理性によって打破し、その抑圧から人間を解放する思想運動です。一八世紀にフランスを中心にヨーロッパに広がり、フランス革命の推進力になったとされる。

寛容というのも、西欧の歴史の文脈から出てくる。宗教改革のあと、ヨーロッパは宗教戦争の時代を迎えました。大陸のほうでは三十年戦争、イギリスではピューリタン革命前後の宗教的内乱。血で血を洗うすさまじい戦争でした。

それがウエストファリア条約でいちおう落ち着いた、というか棲み分けができた。その経験から出てきたのが寛容の伝統です。宗教が違い、価値観が違っても、共存しましょう、という。

この「啓蒙」の伝統と「寛容」の伝統が、リベラリズムの歴史的淵源《えんげん》だということは、ほぼすべての研究者の共通了解です。

しかし、この二つをどう関連付けて考えるかについては、いろいろ議論があります。

リベラリズムを長年テーマにしてきた政治思想研究者で、わりあい影響力があるのが、オックスフォード大学にいたジョン・グレイ〔一九四八― イギリスの政治哲学者。ロンドン・スクール・オブ・エコノミクス名誉教授。『自由主義の二つの顔』など〕という人です。

彼は、寛容の伝統はいいが、啓蒙の伝統はダメだ、という意見。啓蒙というのは、結局、「おれの理性にもとづいて社会を根底から改革するんだ」とか、「おれが理性的だと思っている社会変革ビジョンに反対するやつは殲滅《せんめつ》する」とかの考えに行き着く、と。フランス革命後のロベスピエールもそうだけど、二〇世紀のマルクス主義も、最終的にはそうなった、と。スターリンとか、毛沢東とか。

こういうふうに、「啓蒙」は理性の独断化、絶対化を招いて、もう一方の「寛容」を台無しにする、不寛容になる。それよりは、寛容の伝統のほうを重視したほうがいい――これがグレイの考え方ですね。

しかもグレイは、哲学的な議論によってリベラルな政治体制の正しさを立証するのは不可能だ、という意見をもつ。こういう、哲学そのものへの懐疑というのは、グレイだけでなく、一九八〇年代から顕著に出てきます。

グレイの考え方では、リベラルな政治体制だって、立憲民主主義の伝統をもったいくつかの国の「政治文化に依拠した実践」としてしか擁護できない。これと異なる伝統や文化をもつ社会に対して、これを哲学的に正当な体制だとして押しつけることはできない。かかる社会とリベラルな社会は互いの違いを認めて共存していくしかない、というわけです。

これまでの寛容についての考え方では、人はすべての場合に寛容であるべきというわけではなく、不寛容な者には不寛容であるべきだ、とする。「不寛容は許さないぞ」と。つまり、不寛容な者に対する不寛容を、寛容は要求する、と。

しかし、グレイは、不寛容な政治体制や文化に対しても、寛容であれ、と言う。寛容原理を自壊させるんですね。

グレイはこのように自壊的に理解された寛容を核とするリベラリズムの基礎を哲学的原理にではなく政治的妥協に求める。この妥協をモードゥス・ヴィヴェンディ（modus vivendi）という外交用語で表現する。直訳すると「生き方」という、ラテン語起源の言葉なんだけど、生きるための知恵ということか、「暫定協定」という意味をもちます。

この「暫定協定」こそ、リベラリズムの立場だ、と。戦い続けると、相互殲滅になっちゃうかもしれないから、まあ、生きる知恵として、「暫定協定」で共存しましょう、妥協しましょう、と。これがリベラルな行き方だ、とグレイは言うわけですね。

彼の議論には、あたっている面もある。リベラリズムは、一義的でなく、両義的で両価的だ、ポジ（肯定面）とネガ（否定面）がある、というグレイの指摘は正しい。

しかし、その両価性は、グレイが考えるほど単純ではない、もっと複雑だ、と私は思う。寛容はポジで、啓蒙はネガ――そんな単純なものではない。寛容にも啓蒙にもそれぞれポジとネガの両方がある。

カントの啓蒙

啓蒙には、たしかにグレイの言うとおり、独断的絶対主義に行き着くネガがあるけど、それとは違うポジもある。後者は、カント〔イマヌエル・カント　一七二四―一八〇四　ドイツの哲学者〕が求めた啓蒙です。

カントの哲学は、理性批判でした。理性というのは、理性にできることの限界を超えて、勝手なことをやりはじめる欲望を内包している。それが「形而上学」だ、と。

しかし一方に、理性の可能性の限界がどこにあるかを吟味する、そういう理性がある。彼はこれを重視したんですね。だから、彼の主要な仕事は、「純粋理性批判」「実践理性批判」「判断力批判」と、すべて理性に対する批判、理性の限界を見極めようとする試みです。

カントは、ヒューム〔ディビッド・ヒューム　一七一一―一七七六　スコットランド出身の哲学者、イギリス経験論の代表者。『人間本性論』など〕の帰納法批判にふれたことで、初めて「独断のまどろみ」から目を覚まされた、と言いました。しかし、人間というのは、だれでも「独断のまどろみ」に閉じこもりたい、という自然の傾向があるものです。

理性が、自分の能力を超えて無責任なことを言い出す、これを「超越的」、ドイツ語で「トランスツェンデント（transzendent）」と言います。

しかし、カントの哲学は、超越的な思弁にいくことを批判する。理性にできることはここまでだと理性の限界を確定する、これを「超越論的」、ドイツ語だと「トランスツェンデンタール（transzendental）」と言います。

人文社会科学における最近の日本の研究者、いや欧米の研究者でも、この二つの言葉を混同して使用している者が少なくない。カントは「超越論的」な立場で、「超越的」な態度を批判したんです。

その超越的な態度、理性の名で自分の信念を独断的に絶対化したい、という傾向は、われわれ全員に避けがたくある。しかし、理性の限界を批判的に吟味するという伝統もまた、カントの仕事に示されるように、啓蒙主義のなかにはあった。

もっとも、カントは、理性批判の企てを完遂しなかった。「アプリオリで総合的な判断、すなわち、経験に依存せずに真で、しかも世界についての実質的な情報を含む判断がある」と思い込んでしまった。ユークリッド幾何学とニュートン力学こそがそれだ、と言って。彼自身が、また「独断のまどろみ」に戻ってしまった。

しかし、カント的なプロジェクトを、カントを超えて継承発展させた人がいます。カール・ポパー〔一九〇二―一九九四　オーストリア出身、イギリスで活動した哲学者。『歴史主義の貧困』など〕という批判的合理主義者。彼の理論は批判されることが多いけれど、私は基本的に彼の擁護者です。ポパーの哲学にはまた後で触れます。

寛容の二面

一方、寛容は、本当にポジだけなのか。

グレイは、不寛容に対する寛容も勧める。しかし、それは本当にいいことだろうか。

たとえば冷戦期、アメリカを中心とする西側と、ソ連を中心とする東側は厳しく対立していましたが、実際には相手が自分の勢力圏、つまり縄張りのなかでやることに対しては戦略的な不介入を原則とし、お互いの縄張りを尊重して共存するデタント（緊張緩和）の路線をとっていました。

ソ連が「衛星国家」である東欧諸国に加えた弾圧、ハンガリー動乱（一九五六年、ハンガリーで民衆蜂起がソ連軍に鎮圧され、多くの死者と難民が出た）や、チェコ事件（一九六八年、チェコの変革運動「プラハの春」を、ソ連が主導するワルシャワ条約機構が軍事介入により弾圧した）に対し、アメリカをはじめ西側は、文句は言ったが介入はせず、事実上容認しました。

逆に、アメリカがカリブ海諸国を「アメリカの中庭」あつかいし、レーガン政権が一九八三年にグレナダの社会主義政権を軍事侵攻でぶっ潰したときは、東側が同様に容認した。

この事態を、ソ連が盟主である東側のワルシャワ条約機構と、米国が牛耳《ぎゅうじ》る西側のＮＡＴＯ《ナトー》（北大西洋条約機構）陣営の、お互いの「寛容」の結果だからよかった、と言うべきでしょうか。

いわゆる「人道的介入」には、介入主体の利害による濫用など、複雑な問題がある。それは、私の『世界正義論』でも議論しています。そうはいっても、内政不干渉の名でジェノサイド（集団虐殺）のような大規模人権侵害が放置されてよいとは思えない。まして、それこそ寛容であり、リベラルな行き方だったとは、考えられない。

ここに挙げたような例についてグレイがはっきり主張しているわけではないですが、抑圧的体制への「寛容」も含意する戦略的妥協としての寛容、グレイの言う暫定協定としての寛容には今言った事例が示すような問題がある。しかし、そのような寛容の考え方をするのは、グレイだけではありません。

ジョン・ロールズ〔一九二一―二〇〇二　アメリカの哲学者〕は、『正義論』（一九七一）によって、現代のリベラリズム論に大きな影響を与えました。『正義論』は一般社会からも注目され、ロールズは二〇世紀後半に規範的な正義論の再興をもたらすと同時に、正義をベースにリベラリズムを再建しようとした立役者でもあります。ロールズについては、この本の第二部でたくさん語ることになるでしょう。

『正義論』のころの初期のロールズは、リベラリズムにおける正義の重要性を明らかにし、規範的哲学にたしかに多大の功績を残しました。

しかし、ロールズは変質します。「政治的リベラリズム」によって。「政治的リベラリズム *Political Liberalism*」というのは一九九三年に出た彼の本の表題ですが（日本では未訳）、私が一九八六年にハーバード大に留学して彼の授業を聞いたとき、すでにその本と同じ考え方を話していました。

リベラルな社会では宗教や人生観だけでなく、哲学的見解も多元的に分裂しているから、リベラルな正義論の哲学的正当化は放棄して、立憲民主主義の伝統をもつ社会の政治文化に内在する政治的合意にその支柱を求めようというものです。その結果、かかる伝統をもたない社会にはリベラルな正義原理は妥当しないとされる。彼はこの転向を「寛容原理を哲学自体に適用する」と表現した。この転向は、初期のロールズにくらべて、彼のリベラリズムの驚くべき後退に思えました。

たとえば彼は、ある国が民主主義でなくても、不平等な社会でも、一定の「節度」があれば、許容できる、と言う。つまり、節度ある階層性《ディーセントハイアラーキー》ならオーケーだ、と。

ある国で、国教徒と非国教徒のあいだに差別があってもかまわない、と。非国教徒が異端審問で火あぶりにされるというのでは、さすがに「節度がない」ということで許容されないけど、自分たちのコミュニティのなかだけで信仰生活は送れても、布教活動はできないとか、公職に就けないとか、国教徒よりも冷遇されるのは仕方がない、と。また、為政者を自由な選挙で選ぶ民主主義はなくても、目安箱のような民衆の不満の吸収口があれば、かまわない、とか。

こういう考えがリベラリズム論の泰斗《たいと》から出てくるのが信じられなくて、私は以後、ロールズへの厳しい批判を始めることになります。

いずれにせよ、こういう、抑圧的な体制とまで妥協し合うような「寛容」の規範的弛緩は寛容のネガとしか言いようがないと私は思います。

受け入れる度量

たしかに、英語の「寛容」という言葉、「トレランス（tolerance）」には、こうした否定的なニュアンスもあります。動詞のトレレイト（tolerate）というのは、「不快なことを我慢する」という意味ですね。

自分が「忌《い》まわしい」と思っている信念に従って生きている連中がいて、嫌なやつだと思うが、まあ許してやる、もっと言えば、「本当は殺したいけど我慢する」、その代わり、そいつらが自分の生き方や信念に文句をつけたり干渉してくることは絶対許さない。互いに相手の蛸壺《たこつぼ》に介入するのを自制することで、自分の蛸壺のなかでは唯我独尊を守って共存する。そういうニュアンスが「トレランス」という言葉になくはない。

日本語の「寛容」は、それとは違いますね。寛《ひろ》く、容《い》れる、ですから。この意味での英語は、むしろ「オープン・マインデッド（open-minded）」です。

自分と視点を異にする他者に対し、自分に文句をつけてこない限り、「嫌な奴だけど我慢してやる」ではなくて、そういう他者からの異議申し立てや、その撹乱《かくらん》的な影響に対し、それを前向きに受け入れる。それは自分のアイデンティティを危《あや》うくするおそれもあるけれど、あえて引き受けよう、という度量ですね。それによって自分が変容し、自分の精神の地平が少し広がっていくかもしれない。

それこそが、寛容のポジだと、私は思います。

単に「おまえはおまえ、おれはおれ」と棲み分けて、「批判はお互いにしないぞ、聞かないぞ」という自閉的態度。その結果として、お互いの国がお互いの政治的抑圧を許し合う。それは、寛容のネガです。

そうではなく、自分自身が、他者からの批判を通じて変容していく。その可能性を引き受ける。お互いがそうした態度をとる。それこそが、寛容のあるべきポジです。

「正義」がリベラルの核心

リベラリズムは、啓蒙と寛容という二つの伝統から生まれたと言いました。

しかし、啓蒙にも寛容にも、これまで言ったように、ポジとネガがある。

両者のネガを切除し、そのポジどうしを統合させるための規範的理念が、私が考える正義なんです。

もちろん、一口に正義と言っても、対立競合する正義の規準を掲げるさまざまな思想、たとえば功利主義とかリバタリアニズムとか、平等主義的権利論とか、いろいろあります。

哲学用語でそれらを「正義の諸構想（conceptions of justice）」と呼びます。しかし、正義の諸構想が対立するのは、正義という同じ概念について異なった判定基準を提唱しているからです。この同じ概念を哲学用語で「正義概念（the concept of justice）」と呼びます。「正義の諸構想」が共通して志向する「正義概念」の中身は何か。「等しき事例は等しく扱うべし（Treat like cases alike.）」という命題で正義概念は伝統的に表現され、これを形式的、無内容なものとみなす立場もあります。

しかし、私は正義概念は重要な規範的実質をもち、それが啓蒙と寛容のポジを統合してリベラリズムを再編強化する指針になると考えます。

反転可能性

どの正義構想も共通にもつべき「正義概念」の規範的実質は、私は「普遍化不可能な差別の排除」の要請にあると考えています。

普遍化不可能というのは、言い換えれば、「個体的同一性」に依拠している、ということです。

つまり、自分は自分だから、他者より優遇されるべきだ、とか。自分の国だから特権的にあつかわれるべきだ、あるいは、自分の子供だから特権的にあつかわれるべきだ、とか。

そういう、当事者の個体的な同一性のみが理由になっている差別は、普遍化できない。

普遍化できない差別は、排除されなければいけない。これが、どの正義の構想も制約される、共通の正義概念の要請です。

ある人やある集団の行動や要求が、この意味での正義にかなっているかどうか、それを見分ける手段があります。私が「反転可能性」テストと呼んでいるものです。これは、共通の正義概念から出てくる非常に重要な論理的帰結です。

つまり、自分の他者に対する行動や要求が、もし自分がその他者だったとしても受け入れられるかどうか。自分と他者が反転したとしても、受け入れられるかどうか、考えてみよ、と。

たとえば、平屋の住宅の南側に、その住民の「日照妨害だ」という反対を押し切って三階建ての住宅をX《エックス》が建てた。しかし、Xの住宅の南側に五階建てのマンションが建設される段になると、Xは日照権を主張して反対したとしよう。

Xは自分が「日照権」の受益者で、他者がそのコスト負担者になる場合だけこの「権利」を主張し、他者がその受益者で、自分がコスト負担者になる場合はこれを否定している。自分と他者の立場が反転すると受け入れられないようなXの主張は不正です。日照権を否定する正義構想（たとえば功利主義）から見ても、これを肯定する正義構想（ある種の環境権論）から見ても不正です。

Xの反転不可能な主張がどの正義構想から見ても不正なのは、自分は自分で他者は自分でないという個体的同一性における自己と他者との差異を理由に自己と他者を差別的に扱っているからです。普遍化不可能な差別の排除という要請から、この反転可能性の要請が出てきます。

反転可能性要請にも二つあります。

単に、自分の置かれている客観的状況と、他人の置かれている客観的状況を置き換えてみよ、というだけでは弱い。

たとえば、私がマゾヒストだとしよう。公園を散歩していたら、ベンチで私と同じくらいの年恰好のおっさんが寝ている。そのベンチには、おっさんが使っているであろう杖《つえ》が立てかけてある。私がそのおっさんであれば、杖でしばかれて激痛とともに目が覚めるのは気持ちいいであろう、と思って、そのおっさんをその杖でしばいていいか？　いいわけがない。

自分がマゾヒストだからといって、勝手にこいつもマゾヒストだと決めつけるなよ、ということですね。彼には彼の視点があって、私の視点とは違う。だから、単に客観的ポジションを入れ替えて考えるだけでは足りない。反転可能性テストでは、もう一つ、自分の視点と他者の視点も入れ替えなければいけない。

少しテクニカルな言い方になりますが、このことを踏まえて、反転可能性要請を再定式化すると、「自分の他者に対する行動や要求が、自分の視点だけではなく、他者の視点からも拒絶できないような理由によって正当化できるかどうか、それを吟味しなさい」ということになります。

　このテストは自己だけでなく他者にも等しく課されます。そうでないと普遍化不可能な差別になってしまうから。他者が反転可能性テストを自らに適用しないならば、その他者の視点を尊重する必要はない。

　たとえば、オウム真理教信者が、脱退希望者を殺しておいて、いやこれは殺人ではない、「ポア」しただけで、魂の救済だ、と言う。そういう連中に、それはいけないことだと言っても、オウムの視点からは受け入れられないだろう。視点の反転で、オウムの視点をこちらが受け入れるならば、悪に対して無限に寛容になってしまう。

　これは、反転可能性テストの帰結ではなく、それを自他に等しく貫徹しないことの帰結です。オウム真理教の連中は、自分たちに対しては視点の反転可能性テストを適用しないのだから、そんな連中の視点を考慮する必要はないということです。

　この視点の反転可能性テストというのは、さっき言った啓蒙のポジの遺産と、寛容のポジの遺産に、共通している規範的基盤ではないか。自分の視点を特権化しない。自分の視点のみならず、他者の視点からも拒絶できないような理由によって、自分の他者に対する行動や要求がジャスティファイできるかどうかを吟味する姿勢。

　私は、この意味での正義の概念が、啓蒙のポジの要素と寛容のポジの要素を統合して、リベラリズムをより健全な形で再定義するための基本原理だ、というふうに思っているんです。

二重基準の禁止

正義概念を基本にすると、そこからさまざまな派生的原理が出てくる。今言った視点の反転可能性テストがそのなかの最も一般的なものですが、ほかにもあります。「ただ乗り」、フリーライダーはダメだ、というのもその一つ。自分は便益を得るだけで、負担は他者に転嫁する、という姿勢は否定される。

二重基準、ダブルスタンダードがダメだというのも、正義概念から出てきます。ある状況で、自分の他者に対する要求を正当化するために、ある基準《スタンダード》をもってくる。しかし、別の状況で同じ基準を適用すると自分に不利な結論が正当化されてしまう場合、今度は別の基準《スタンダード》を援用して、自分に有利な結論をみちびこうとする、と。

こういう、基準のご都合主義的な使い分けは、正義概念そのものに反する。だから、功利主義者であれリバタリアンであれ、許されない。

朝日新聞の問題で、リベラルがダブルスタンダードを使ったら自壊的だと言ったのは、そういうことですよ。

たとえば、つねに自国利益は他国利益に優先すると考えるナショナリストなんかは最初から普遍主義的な正義を無視している、つまり、「普遍化不可能な差別の排除」という正義の要請を拒否しているわけだから、二重基準を使っても開き直れる。

しかし、リベラリズムにコミットする人が、まして、朝日新聞のように、最もリベラルだと思われている人たちが、それをやっちゃえば、それは信用失墜を招いて仕方がないわけです。

保守主義との違い

——理性の絶対化の危険という話がありました。理性への懐疑は、保守主義が主張している点ではないでしょうか。理性が頼りないからこそ、人々が脈々と築きあげてきた伝統のほうを重視する。あえて聞けば、なぜ保守主義ではいけないのでしょうか。

個人的理性の倨傲《きょごう》、「ヒュブリス」への批判という意味では、保守主義も理性批判です。しかし他方で、「自分たちの社会の伝統や歴史に埋め込まれた集合的理性というのがある。おまえ一人じゃわかんないけど、何代にもわたって蓄積されている。それにくらべて個人の理性などたいしたことがない」というのは、逆に集合化された理性を絶対化している、と私は思う。

いくら集合化された理性とか、長い歴史に裏打ちされたとかいっても、たとえば、カースト制はいいのか、と。

たしかに、カースト制にしろ、それが長く続くことで社会システムの安定化があるだろう。そして、その安定が失われると、たしかにある弊害が生じるのかもしれない。しかし、それらはつねに批判的に吟味していく必要があると思う。

だから、個人理性の傲慢化を批判するという意味での保守主義《コンサバティブ》には共鳴はするけれども、歴史や伝統というものに無批判な信頼を置いてしまうのは、私は違うと思う。

啓蒙のポジの伝統である、絶えざる自己吟味というのは、自分個人に対してもそうだけど、自分がコミットしている社会、文化、歴史に対してもおよぶべきです。

自分たちの文化、自分たちの歴史を誇りたい気持ちは自然です。日本文化は素晴らしい、と誇りをもつのはいいけれど、それが他者に対する抑圧効果を何かもつとすれば、それに対する批判には謙虚に耳を傾けていかなければいけない。

宗教・道徳問題

――もう一つ、これは保守主義からのリベラル批判につらなりますが、リベラリズムには道徳的な不安がないか。まさに「自由」主義と言うとおり、非伝統的というだけでなく、倫理的な放埒《ほうらつ》や無軌道に道を開かないか。一九九〇年代に「援助交際」が問題になったとき、その法的規制に反対するあまり、援助交際を擁護するがごとき言説がリベラル派からありました。そのとき、私もその不安を感じました。

たしかに、特定の宗教への信仰や、性道徳のような個人道徳を、政治権力が強制することに対しては、リベラリズムは反対する。

しかし、それは、宗教や個人道徳の問題はどうでもいいとリベラリズムが考えているからではない。倫理的なエニシング・ゴーズ（anything goes）、「何でもござれ」にリベラリズムがコミットしているからではないんです。

でも、それを混同した議論が、かつて「リベラル対コミュニタリアン（共同体論者）論争」としてありました。リベラルが宗教や道徳観の強制に反対するのは、宗教や道徳の問題をまじめに受け止めていないからだ、というのが、コミュニタリアン側からの典型的批判ですね。

第二部で正義と善の関係を説明するときにも共同体論の批判について検討することになると思いますが、私はこれは、まったくの誤解だと思う。特定の宗教や道徳観を権力が強制すると、むしろ宗教や道徳が腐敗するんです。要するに、それは面従腹背《めんじゅうふくはい》の姿勢をはびこらせることになる。

権力による制裁が科せられるから、おもてでは信じたふりだけをして、内面的には何もコミットしない。そして、バレないところでは、何でもやる。そういう非倫理的な事態をむしろ招くことになる。

宗教について言えば、たとえばカトリック教会の、第二バチカン公会議というのがあった。第一公会議は、一八六八年に招集され、法王無謬説を可決したんだけど、その百年後、一九六〇年代におこなわれたこの第二公会議では、ギリシャ正教、プロテスタント等との和解や教会の中央集権化の是正も試みられた。こういう状況を背景として、宗教界においても政教分離や寛容を重視する傾向が強まってきた。

前に言った、西欧のリベラリズムの歴史のなかでは、宗教から政治を守るのが、リベラル派の課題でした。宗教勢力が、政治権力を使って、自分たちの経典を押しつけたりする。そういう宗教から、政治を守る、というのが、リベラル派でした。

宗教界の側からの政教分離の主張は、逆に、政治から宗教を守ろうとしたわけです。政治権力を使って宗教を自己増殖さえようとしたら、宗教自体が腐敗していく、人間の魂を内側から陶治《とうや》していく力を失ってしまう、だから、政教分離が必要なんだ、と。

結果への視点

もう一つは、道徳的情熱に駆られた主張や運動に対して、少し醒《さ》めた視点で、その結果を考えることも必要だということです。帰結主義的な分析というか。それは、道徳や宗教の問題に無関心だから、ではないんです。

道徳や宗教の問題を、個人の自己責任にゆだねると、もちろん堕落するリスクはありす。しかし、それを権力が統制したら、もっと堕落する危険が現実にある。

たとえば、堕胎は胎児殺しだからけしからん、と言って、これを法律で規制すると、かえって闇堕胎がはびこる。そうなると、母体の生命・健康まで脅かされる、ということになる。

援助交際規制に反対した人たちの理由が何なのか、私はわかりませんけど、たとえばそれを法的に規制しようとすると、そのぶんだけ暴力団などが入ってきて、もっと高い料金をとるようなブラックマーケットがはびこり、その結果、援助交際がかえって広がるようなことも考えられる。

かつて、アメリカが憲法改正をやって禁酒法を施行した。道徳的情熱からです。それがかえって、アル・カポネとかのマフィアをはびこらせた。それと同じことですね。

国歌・国旗問題

毎年のように話題になる、学校での国歌斉唱、国旗掲揚の問題もそうです。

愛国心を強制していいのか、ということです。その強制は、まさに面従腹背を教えることにならないか。

国を愛するというのは、国が道を誤ろうとしているときには、それを批判して正す努力をすることも含む。国を愛するからこそ、見て見ぬふりをせずに、批判することでコミットしていくわけだから。

国を批判したら、「非国民」あつかいされるから、何も批判しないというのは、要するに保身願望です。国がどうなろうと、自分だけが守られればいい、という利己主義を、かえってはびこらせるんじゃないか。

国歌・国旗問題で、あえて「君が代」の伴奏を拒否する教師とかは、個人的に日本の国歌・国旗が嫌いとかいう話ではないでしょう。それは、制裁をちらつかせて強制することに反対しているのであって、愛国心なんて要らないと言っているのとは違う。

愛国心の強制に反対することは、愛国心に反対することではない。批判する人たちは、そこを混同している。

そして、リベラルとしては、その区別は譲れない一線です。

慰安婦の問題

――朝日事件の発端になった、いわゆる従軍慰安婦問題についてはどうでしょう。

「慰安婦狩り」をしたという吉田証言ね。あれがおかしいというのはだいぶ前から言われていた。それをなかなか変えようとしなかったばかりか、やっと遅まきながらその信憑性を否定したときにも謝罪をしなかった。さらにはそれに関する池上彰氏の紙面批評の掲載を止めさせようとしたという朝日新聞のやり方、それは問題だと思いました。

しかし、その朝日新聞のやり方の問題とは別に、慰安婦問題への日本軍の関与を認めた河野談話、村山談話を引き継ぐことは——アメリカの圧力があるかどうかは別にして——正しいのか、ということがありますね。安倍内閣は基本的に引き継ぐと言っているわけだけど。

歴史的事実として、軍がまったく関与しなかったとは言えないでしょう。日本軍が慰安婦施設を管理したことはたしかで、梅毒のテストなど運営にも関与している。軍がやらせたかどうかは別として、民間業者が慰安婦を騙して連れてきたケースもあるわけですよね。日本軍が済州島《チェジュ》に行って、「慰安婦狩り」をしたというのは事実ではなくとも。

問題は、それを認めたうえでの対応ですね。それに関して、「アジア女性基金」のことは、私はぜひ言っておきたい。アジア女性基金には、私の先輩の同僚、大沼（保昭）さんとか、前に社研にいた和田（春樹）さんなんかも関係している。

慰安婦問題に関して、韓国人個々人が日本政府に対してもっている賠償請求権などは、日韓友好条約で処理済みだ、というのが日本政府の立場。政府として、もう一度法的責任の履行として何か賠償や謝罪をする、ということはできない。

だからといって、これをこのままにしておいていいのか、ということから、超党派的な議員の協力と、民間団体とか市民からの募金で——日本政府が事務所を提供したということはあるにしても——元慰安婦たちに見舞金提供と謝罪をおこなった。

法的責任を政府が認めたわけではなく、あくまで「道義的責任」としてですけれど、このまま放っとけば、みんながどんどん死んじゃうわけだから、高齢化でね。まだ生きているあいだに、やれることだけやろうと。しかも、やはり政府だけの責任ではないわけだから。

お金は、一人二〇〇万円だったかな、生存者には。しかし、それだけじゃなくて、重要なことは、総理大臣による謝罪文をつけたんです。外務省のサイトに掲げられた総理の手紙では、「いわゆる従軍慰安婦問題は、当時の軍の関与の下に、多数の女性の名誉と尊厳を深く傷つけた問題でございました。私は、日本国の内閣総理大臣として改めて、いわゆる従軍慰安婦として数多の苦痛を経験され、心身にわたり癒しがたい傷を負われたすべての方々に対し、心からおわびと反省の気持を申し上げます。」と書かれている。

驚くかもしれませんが、二〇〇一年にこの謝罪の手紙を出した総理大臣は、タカ派と思われている小泉純一郎です。

このモデルになったのは、アメリカ合衆国大統領——当時はレーガン大統領——が一九八八年に、第二次世界大戦中に強制収容した日系アメリカ人に対しておこなった謝罪です。アメリカは戦時中、同じ敵国出身でも、イタリア系移民やドイツ系移民を強制収容することはなかったのに、日系アメリカ人にはそんなことをした。それが申し訳なかったということで、遅まきながら、生存者に対して、たしか一人二万ドルと米国議会が米国民を代表して謝罪するという謝罪文を、政府の関係者が持っていって渡した。

ただ、決定的な違いは、アメリカは自国民に対して謝罪したのに対し、アジア女性基金の場合は、他国民に謝罪したことです。

アメリカは、自分が侵略した他国に対し、謝罪なんかしませんよ。それどころか、ベトナム戦争後、統一ベトナムに対し、南ベトナム政府に貸したカネを返せなんて要求しているくらいですからね。米国下院が慰安婦問題について日本非難決議をあげたときには、「厚顔無恥」とはこのことかと思いました。

そんなアメリカにくらべればもちろん、国際的に見ても、アジア女性基金のように、法的責任について争いがあり、決着できないときに道義的責任としてではあれ、戦争責任の問題にここまで踏み込んで、他国民に賠償・謝罪した例はないはずです。日本としては、それを誇るべきなんですね。

ところが、韓国や日本の支援団体や人権団体の一部が、アジア女性基金を「政府の法的責任を隠蔽するための欺罔《ぎもう》的手段だ」なんてめちゃくちゃ批判した。彼らも「リベラル派」と呼ばれるのかもしれないけれど、こういう人たちがいるから「リベラル嫌い」がふえても仕方ないと私は思います。

リベラルといえば、何が何でも自己否定の土下座外交、というイメージを生んでしまったのは、そういう運動です。それに対して「自虐的だ」という反発が起きても無理はないと思います。

ドイツの「反省」

過度の自己否定は間違っている。同時に、過度の自己肯定も間違っている。歴史問題でも、その中間で、適正な態度をとらなければいけない。その点では、リベラル派と保守派が、お互いに自己批判的な視点をもって、真摯《しんし》な対話をする必要があると私は思います。

私は、むかし書いた戦争責任に関する論文を、『普遍の再生』という拙著に入れるときに、私にとっては重要な追記を書いたんです。「自己肯定と自己否定の罠」という文章です。自己否定をやりすぎたことが、過度の手前勝手な自己肯定を生む、と。この、対立しているものどうしの共存・癒着している構造を、打ち破らなければいけない、という観点で書きました。

そこで取り上げたのが、ドイツと日本の戦争責任のとり方の比較です。ドイツと日本は、同じファシズムとか軍国主義の過去をもつけれど、ドイツは、自分たちの戦争責任の追及を、日本よりもずっと立派におこなった、という「神話」がある。これが、いかに神話か、ということですね——このことはドイツ現代史研究者たちによって指摘されています。

ドイツは、自分たちの戦争責任というのを、二重の意味で限定している。

まず、責任の主体は、ドイツ国民ではなく、ナチです。ナチの犯罪だ、と。ドイツ国民はむしろ、ナチの犠牲者だ、みたいなね。

そして、責任の対象は、ドイツがやった侵略戦争の相手じゃなくて、ユダヤ人です。ユダヤ人に対しておこなった強制収容と集団虐殺、それに限定されているんです。ホロコーストの被害者となったユダヤ人はドイツ占領地域の外国人もいますが、多くはドイツ国民です。

ドイツの一般的な侵略戦争責任、つまりチェコを侵略したとか、第一次大戦敗戦で失った領土を奪回したとかについて、勝者の裁きであるニュルンベルク裁判の受忍を超えて、自発的に自己の戦争責任を認めてきたわけではない。

有名なのは、一九七〇年に、当時の西ドイツ首相・ブラントがポーランドを訪問して、ユダヤ人のゲットーで蜂起があったときの犠牲者たちの慰霊碑にひざまずいた、と。しかし、ユダヤ人ではない一般のポーランド人がドイツ支配に対して蜂起したところに、もう一つ別の慰霊碑があるんだけど、彼はそこには行っていない。

ドイツについてもう一つ言えば——戦争責任における、第二次修正主義論争というのがありました。

東西統一後のドイツは、やはりナショナリズムがかなり高まりました。それに関連して、歴史修正主義論争が起こります。

第一次修正主義論争というのがまずあって、これは、ホロコーストはなかったみたいな野蛮な暴論とか、ヒトラーはヨーロッパをスターリンの共産主義から守るために戦ったとかいう解釈が出てきて、こうしたものに対しては、もちろんドイツのリベラル派の多くが批判しました。

それがいちおう決着したあとの、第二次修正主義論争というのがここでは重要です。「ドイツ国防軍の犯罪」展をハンブルグ社会研究所がやった。それが世論の総攻撃を受けるんですね。

ドイツ国防軍というのは、SS《エスエス》（親衛隊）やゲシュタポのようなナチスの軍事組織ではなく、ヒトラーに対して一定の距離を置き、内心では反発していました。将校は貴族階級で、ヒトラー暗殺計画を何度もくわだてている。しかし、戦争政策は、国防軍もナチと一緒にやっているわけです。でも、ドイツ人の多くは、ナチはひどいけど、ドイツ国防軍は別だと思っているんです。

だから、そのドイツ国防軍の侵略責任を示す展示会をやったら、すごい反発で騒動になった。第一次修正主義論争で、ホロコーストなどなかったと言う連中を批判したリベラルな知識人の一部も、第二次修正主義論争では、国防軍の犯罪を主張する立場を批判する方向にいったりしている。つまり、ドイツ人の「反省」も、その程度ということです。

そういう意味では、ワイツゼッカー大統領の、ドイツの戦争責任の直視を訴えたとみなされている有名な演説も、同じ限界があります。やっぱりナチの犯罪であると。われわれドイツ人もナチの被害者だと言っているし、しかも、ドイツ人自身が戦争で受けた被害や、敗戦後占領地から帰国する途中で多くのドイツ人が殺されたとか、そういったことも強調している。

裁き返す

やっぱりホロコーストはあまりにひどかった。

もちろん、日本軍の南京虐殺があった。あれがなかったという主張はひどいにせよ、中国が言う犠牲者三〇万人というのは大げさだろうと私も思います。これは歴史的に検証すべき問題ですが。

いずれにせよ、日本が、ドイツにくらべて、戦争責任の追及をしっかりやっていないと言われるのは、おかしいですよ。おかしいんだけど、そういうイメージが国際的にもつくられてしまった。日本のリベラル派でもそう思っている人が多い。これはあまりにもひどい自己否定ですね。そういうことが逆に、自虐史観批判とかいう名前の、過度の自己肯定を招いてしまっているんではないか。

――アジア女性基金のようなおこないを、保守派を含めて誇るべきだ、と。

そうですよ。保守派も誇るべきだ。アジア女性基金の活動自体が自虐的だという保守派がいるとしたら、私は、それは違うと思いますね。

さっきも言ったとおり、アジア女性基金のほかにも、日本政府による法的責任の承認を優先させるべきだという人権団体・運動団体がありました。でも、アジア女性基金がよかったのは、募金を呼びかける文章に、自分たちの活動に反対している人たちもいます、と、自分たちの寄付口座だけでなく、そういう反対している団体、政府による法的責任の公式承認を求めている団体の寄付口座も、ちゃんと示していたことです。これはとてもフェアなやり方でしょう。

いずれにせよ、韓国や中国に対する侵略責任はなかった、と言うのは、やはり無理です。もちろん、それを否定したくなる心情というか、背景はわかる。

東京裁判での勝者の裁きへの反発。有名なパル意見書もそうです。パルはインド人だからね。イギリスは、アヘン戦争その他いろいろやってきて、謝罪もしていないくせに、えらそうに言えるのか、と。アメリカは原爆や都市大空襲で、大規模な民間人無差別殺戮をやっているのに、えらそうに言えるのか、と。それはそうですよ。

でも、おまえらも同じ穴のムジナで、おまえらの戦争責任のほうが大きいんじゃないか、ということを理由に、自分たちに戦争責任がないとは言えない。

だから、やつらも悪いけど、われわれも悪かった、と。われわれを裁くんだったら、その裁きは受けるけれども、このあとは、おまえたちも裁かれなければいけないぞ、と。現実にどこまで可能かは別として、戦争犯罪、人道上の罪等を理由に他者を裁いた者は自己の同じ罪に対して裁き返される。これが要するに、ダブルスタンダードを許さない、ジャスティスの要請です。

日本で保守と思われているかもしれないけれど、上山春平の『大東亜戦争の遺産』が、この正義のロジックを戦後日本で先駆的に主張しており、私はそれは、正しいと思っています。

でも、戦後日本の体制は、軍事的対米従属構造ですよね。裁き返すどころではなかった。日本の右翼も反ソ・反共ばかりだったでしょう。かつて鬼畜米英といったアメリカの軍隊と基地が占領終了後も日本にずっと居残っているのに、それへの批判は一切しない。それどころか米軍からカネをもらったり、ビジネスの利権をもらったりする「右翼」もいた。

逆に、六〇年安保反対闘争では、左翼のほうが反米ナショナリズムだったりしてね。右翼であれば、アメリカに対してこそ毅然としていなければならないのに。

そういう意味では、日本の右側のナショナリズム、自己肯定と言っているけど、本当かいな、と。卑屈なゆがみがある。

日米安保は、戦略上、今は必要だとしても、将来的にどうするかという視点を、右側はちゃんと提供しているのか、と。

集団的安全保障

それに関連して言えば、集団的自衛権の行使は、私は基本的に反対なんですね。

なんらかの集団的な安全保障ネットワークは必要です。だけど、集団的自衛権と集団的安全保障体制というのはちょっと別で、集団的自衛権というのは、特定の同盟国グループをつくって、そのなかのだれかが攻撃されたらみんなで一緒に守ろう、というものですね。ということは、その外に仮想敵のグループをつくるわけです。敵・味方の線がアプリオリに引かれている。ワルシャワ条約機構対ＮＡＴＯみたいな線がね。

これは非常にあぶないと思っています。基本的には、敵・味方の区別をアプリオリにしないで、どの国もほかから侵略されたら国際社会が一致協力して守るというのがいい。国連はそれを目的にしているんだけど、常任理事国の拒否権でなかなかうまくいかない。でも私は、「たかが国連、されど国連」で、国連改革を地道にやっていくほうがいい、と思っています。

アメリカを中心とした集団的自衛権というのは、これは明らかに、アメリカの世界戦略のコマの一つとして、日本が巻き込まれてしまうということです。

私は九条削除論だけど、しかし、政治戦略的な観点からだけ言うと、「右」のためにも、憲法九条というのは使える。アメリカだって立憲民主主義だから、憲法を盾に取られるとあまり無理は言えないわけだ。だから、仮に米国が日本に集団的自衛権容認を要求したとしても、日本は米国の要求を日本の国益に沿うように抑えるための交渉カードとして九条を使おうと思えば使える。

さらに、今の安保体制では日本が攻撃されたら米国が守ってくれるのに、米国が攻撃されても日本は米国を守るために自衛隊を出動させなくていいというのは片務的で不公平だと言う者もいるが、これはまったくの謬論《びゅうろん》。

日本は米国に多くの軍事基地と主要兵站《へいたん》地点を提供し、米国にとって代替不能な戦略拠点になっている。米国が日本には与えていない巨大な軍事利益を日本は米国に与えているだけでなく、米国が戦争した場合、日本国内の米軍基地兵站拠点が攻撃されるリスクも引き受けている。集団的自衛権を認めてこれ以上の利益供与やリスク負担をする必要などない。

米国にとって日本は代替不能な戦略拠点だから、集団的自衛権を認めないと日本を守ってやらないぞなどと言えるわけがない。米国の日本防衛は日本のためではなく、米国の世界戦略の拠点を守るためです。

しかし、集団的自衛権行使容認を閣議決定することで、自分たちのアメリカに対するその交渉カードを、政府は自分から捨ててしまった。私にはとても信じられないのね。安倍政権は、日本の国益と政治的主体性を本当に守ろうとしているんですか、と。

私は、自己肯定と自己否定、どちらも変な方向にいっちゃうとダメなんで、自分の誇るべきところは誇り、自分の過ちは過ちで認めるべきだ、と言いました。

それが必要な理由の一つは、そうやって自己の価値と責任を認めることが、自己の主体性の確保につながるからです。日本という国家も、今の自分が置かれている国際環境をしっかりと見て、自分たちの安全保障戦略を主体的に構築していけるようにしなければ。さらに、暫定的に今はこの安全保障体制でいくとしても、将来はどうなのか。それを、大きな視野で考えておかないといけない。

そういう問題意識からいうと、私は、右も左も、国際社会のなかでの日本の本当の主体性を築こうとしていないんじゃないか、という気がしています。

九条削除論

——今、憲法九条のことが出ました。日本のリベラル派といえば、いわゆる護憲派が多く、憲法九条護持や「平和主義」と結びついてきました。しかし井上さんは、九条削除論で、かつ平和主義にも疑義を呈している。

九条削除論は、朝日新聞の月刊誌『論座』で最初に公表し、後に朝日新聞のインタビューも受けた。でも、そこでは、私の主張の一部しか出てないから、誤解されるんですよね。自説の全体像は今春出た「九条問題再説」（『法の理論』三三号）で示しました。

私の考えの柱の一つは、『世界正義論』に入れた「戦争の正義」論です。もともとは、二〇〇三年にボン大学のヨーロッパ総合研究所というところでやった国際共同研究、それを二〇〇五年に本にしたときに入れた英語論文でした。そこでは、憲法九条の問題とは別に戦争の正義という観点から議論している。そっちのほうから話しましょう。

「戦争の正義」の四タイプ

まず「平和主義」について言っておけば——「正義なんてものにこだわるから戦争が起こる」「正義なんて要らない。正義より平和が大事」というタイプの「平和主義」は、とくに戦後日本で根強いですが、古今東西で繰り返し現れる考え方です。「最も正しい戦争よりも、最も不正な平和を私は選ぶ」というキケロの格言は有名です。

正義への嫌悪を特徴とするこの考え方を、私の兄弟子、長尾龍一は「諦観的平和主義」と呼んでいます。そして、私は最初の本である『共生の作法』の冒頭でこれを批判しましたし、最新の『世界正義論』でも一節使って論駁《ろんばく》しました。

このタイプの平和主義は、心情に訴えると同時に、「醒めた感じ」が知的に感じられる。それゆえ根強い人気があるのですが、論理的には破綻しています。

それを貫けば、現状がいかに不正に思えても、実力行使による現状変更は禁止される。しかし、そうなると自分に有利な現状を作ってしまえば勝ちだということになり武力による現状変更へのインセンティヴがかえって高まる。この帰結を避けるためには現状をめぐる紛争の平和的解決手続きを設定しなければならない。したがって諦観的平和主義は少なくとも手続き的正義の理念にはコミットしなければならない。ここでは詳論できませんが、手続き的正義だけでなく、権利侵害度の最小化を求める実体的正義論も諦観的平和主義は密輸入しており、その主張は自壊していると私は『世界正義論』で論じています。

『世界正義論』では、諦観的平和主義を斥《しりぞ》けたうえで、戦争を律する正義論のタイプを四つに分けました。

一つが、「積極的正戦論」。これは、自分の信じる宗教だとか道徳の実現のために武力を使っていいという立場。ホーリーウォーとかジハードとか、あるいは世俗的なイデオロギーで民主主義対ファシズムとか、共産主義対資本主義とか。自衛のためだけじゃなくて、悪しき体制を打破したいとかの理由で戦争をしてもいい、という立場です。

もう一つは「無差別戦争観」。国益追求の手段として、外交が有効なら外交を使ってもいいいし、戦争がいいなら戦争を使っていい、と。ただし、それは国家と国家との「決闘」のようなものだから、その作法があって、たとえば、民間人を無差別に攻撃してはいけないとか、中立な第三国を攻撃してはいけないといったルールに服する。

次が「絶対平和主義」。自衛のためでも、戦争という手段は使っちゃいけない、とする。「諦観的平和主義」とは正反対。諦観的平和主義が正義という理念そのものを否定しようとしているのに対し、こちらは侵略や専制は不正だ、抵抗せよと正義を強く主張している。ただし、抵抗の手段はデモ、ゼネストなど非暴力的抵抗でなくてはならない。暴力に対して暴力で闘うのは侵略者・専制的支配者と同じ不正を犯すことだ、と。

最後に、「消極的正戦論」。自衛のために必要不可欠である場合には戦争に訴える。それ以外の、単に悪しき体制を打倒するとか、そういうことを戦争でやっちゃいけない、と。

九条解釈

憲法九条との関係で問題になるのは、このうち、「絶対平和主義」と「消極的正戦論」です。

九条問題とは別に、私自身の戦争の正義論上の立場は、消極的正戦論なんです。ただし、単独で自衛するだけでなく、集団的安全保障体制への参加を私は許す立場です。まったく武力のない弱い国が強大な国家から攻撃されて、自力で守れないということはあるわけだから、そのネットワークに参加する権利はあっていい、と。その場合、前に言ったように、集団的自衛権よりは、国連の集団安全保障体制がいいと思っていますが。で、九条解釈としては、文理の制約上、絶対平和主義を唱えているとしか、捉えようがない。

【日本国憲法第九条】

1　日本国民は、正義と秩序を基調とする国際平和を誠実に希求し、国権の発動たる戦争と、武力による威嚇又は武力の行使は、国際紛争を解決する手段としては、永久にこれを放棄する。

２　前項の目的を達するため、陸海空軍その他の戦力は、これを保持しない。国の交戦権は、これを認めない。

この第2項の解釈としては、自衛隊も安保も放棄する、いわゆる「非武装中立」の絶対平和主義を唱えていると、日本語を理解する者なら思うでしょう。そうとしか読めない。

ちなみに、この第2項の冒頭に「前項の目的を達するため」を挿入したのは芦田均なのですが、これによって、自衛のための軍備を合憲とする余地を残した、とする説がありますす。そういう「隠された意図」があった、と。

しかし、「陸海空軍その他の戦力は、これを保持しない。国の交戦権は、これを認めない」という明確な文章に、「前項の目的を達するため」を挿入するだけで、自衛戦力を合憲にできるなどという主張は、およそ通常の日本語感覚では理解不能です。そもそも、そういう「密教的解釈」を許すことは、「秘密法の禁止」という法の大原則に反します。

この憲法九条の字句どおりの要請にしたがって、自衛隊と安保は違憲だ、とする立場を、私は「原理主義的護憲派」と呼んでいます。そして、九条解釈としては、この原理主義的護憲派が正しいのは明らかです。

それに対して、護憲派のなかでも最近、「専守防衛の範囲なら自衛隊と安保は九条に違反しない」とはっきり言い出す人たちが出てきた。憲法学界では長谷部恭男さんが代表例です。私は彼らを「修正主義的護憲派」と呼んでいます。

しかし私は、修正主義的護憲派の憲法解釈は、無理だと思っています。この解釈は結局、旧来の内閣法制局見解と同じですね。「専守防衛の範囲なら自衛隊と安保は九条に違反しない」。安倍政権が変えようとしているものだけど。

その旧来の内閣法制局見解が、すごい解釈改憲でした。

もともとは、一九四六年の帝国議会憲法改正委員会で、野坂参三が、自衛のための戦力まで放棄するのはおかしいじゃないか、と言ったのに対して、吉田茂が、これは自衛のための戦力も放棄したという趣旨でございます、とはっきり答弁したわけですよね。しかし、間もなく占領政策の右旋回を受けて、警察予備隊とか保安隊とかをつくって、最終的に自衛隊になる。それに関して吉田は、自衛隊は軍隊ではありません、と言う。これは詭弁ですよね。専守防衛の枠内ならば、自衛隊のような、あれだけ大きな武装装置が戦力ではない、と言うのは。

もう一つの日米安保にいたっては、アメリカの軍事力が戦力でないとはとても言えない。かりに自衛隊が戦力未満だとしても、世界最強のアメリカの戦力を使って自衛のための戦争をおこなうことが、交戦権の行使に当たらないなんて、これは憲法解釈として、どうあがいても無理です。

「専守防衛の範囲なら」云々の内閣法制局見解は、すでに解釈改憲ですよ。だから、護憲派が一時期、安倍政権による解釈改憲から内閣法制局が憲法を守ったなんて言っていたけど、これはウソで、新しい解釈改憲から古い解釈改憲を守ったにすぎない。

私がまず修正主義的護憲派に言いたいのは、自分たち自身が解釈改憲をやっているのだから、安倍政権の解釈改憲を批判する資格はない、ということ。安全保障に関する自分たちの政治的選好を解釈改憲で実現・維持しようと自分たちがしていながら、安倍政権が、自分たちと違う政治的選好を解釈改憲という同じ手段で実現しようとするのはけしからん、というのは通らない。

護憲派の欺瞞

他方で、じゃあ原理主義的護憲派がいいのか、と。

こっちは、さらにひどい。非武装中立と言いながら、自衛隊と安保の現実は事実上、容認している。六〇年安保以降、自衛隊と安保を廃棄せよという運動は、国民的規模でなされていないし、それを推進しようとする動きさえ見えない。何か運動があるとしたら、専守防衛の枠を越えて、海外派兵だとかがあったときに、ちょっとだけ反対する。それで、九条を守れと言い続けるだけ。

九条を守れと言うなら、彼らの解釈は非武装中立なのだから、自衛隊と安保を廃棄せよということも言わなければならない。でも、それらは専守防衛の範囲内ならＯＫと事実上容認している。

いや、容認しているだけではなく、ちゃっかりその便益を享受している。

要するに彼らは、憲法九条を、政治的主張のための戦略カードとして使っている。「違憲だ、違憲だ」と言い続ければ、現状維持ができるだろう、と。

その点では、修正主義的護憲派のほうが、まだ誠実です。自衛隊と安保を認知する以上は、それと憲法のズレを正さなければいけない、と考えているから。

原理主義的護憲派のほうは、自衛隊と安保が提供してくれる防衛利益を享受しながら、その正当性を認知しない。認知しないから、その利益の享受を正当化する責任も果たさない。

利益を享受していながら、認知せずその正当性を認めない。私に言わせれば、これは右とか左とかに関係なく、許されない欺瞞です。

最近の原理主義的護憲派の論客のなかには、こうした欺瞞をあっけらかーんと認めて、それが大人の知恵だ、みたいなことを言う人がいる。原理主義的に解釈された九条があるから、自衛隊が今の規模でとどまれる、と。実際には修正主義的護憲派と同じく、自衛隊と安保を容認しているのだけど、違うのは、「違憲だ、違憲だ」と言い続けろ、と。そういうことを公刊された本のなかで書いている（愛敬浩二『改憲問題』）。

こういう人たちは、自衛隊と安保が少なくとも今は必要だと思っているにもかかわらず、非武装中立を言い続けるほうが、自衛隊と安保を現状のまま維持するのに有効だから、非武装中立を信じているふりをしましょう、ということですね。要するに、原理主義的に護憲を世間に主張しながら、実際には自衛隊と安保を認めていることを、みずから世間にバラしている。護憲批判派が読みうる公刊された本のなかで。他者の批判的視線を無視した「お仲間トーク」というのか、この神経がわからない。

いわば、通勤電車のなかでお化粧にはげむ若い女性と同じですね。その女性にとって、ほかの乗客の視線は無きにひとしく、ただのモノでしかない。こういう原理主義的護憲派にとって、彼らに批判的な人々の存在など無きにひとしく、ただのモノだと思っている。相互批判的な対話のパートナーとして認知していない。

ただ単に、自分たちが維持したいと考える安全保障体制を、とにかく反対者に押しつけよう、と。そのために、憲法を使えるなら使え、と。彼らは「護憲派」と称しているけど、実際には自衛隊に永遠に違憲の烙印を押し続けることで、違憲事態を固定化しようとしている。それは「護憲」の名に値しない。そのうえ、自分たちが違憲の烙印を押している自衛隊に乗っかっている。

彼らには他者が見えていない。見えていない他者のなかで、だれが最も侮辱を受けているかといえば、自衛隊員ですね。いわば認知を拒まれ続けている私生児が、認知を拒み続けている父親を、命をかけて守れと要求されているようなものです。

非武装中立というのは、絶対平和主義です。殺されても殺し返さない、そういう峻厳《しゅんげん》な自己犠牲を背負う覚悟が、それを唱える原理主義的護憲派にあるのかといえば、ありません。運動家と称している人たちにも、そんな覚悟はないでしょう。

何度でも言うけど、私はこれは、倫理的にも、政治的にも許されない欺瞞だと思います。

憲法と安全保障

私は、憲法九条を削除せよ、と主張しています。

そういうことを言うだけで、日本の今の言論界では総攻撃を受けるんですね。

誤解してほしくないのは、私が言っているのは九条「削除」であって、九条改正、ではない。

原理主義的護憲派のなかには、井上は改憲論者だ、九条削除こそが改憲論者の最もやりたいことだ、と言う人がいる。つまり、井上の狙いは、今の安倍政権のような自民党保守派の狙いと同じだ、というような。

しかし、そうではない。私は、安全保障の問題は、通常の政策として、民主的プロセスのなかで討議されるべきだと考える。ある特定の安全保障観を憲法に固定化すべきでない、と。だから「削除」と言っている。

安倍政権なら安倍政権が、自分たち好みの安全保障観を日本に永続的に押しつけたいと思うなら、それは憲法を「改正」して、それに合った規定を憲法に固定化したほうがいいに決まっている。今の権力を使って、自分たち好みの立法をしても、それは将来の政権交代とかで巻き返されるリスクがあるのだから。憲法に固定化したら、これはなかなか変えられない。

憲法の役割というのは、政権交代が起こり得るような民主的体制、フェアな政治的競争のルールと、いくら民主政があっても自分を自分で守れないような被差別少数者の人権保障、これらを守らせるためのルールを定めることだと私は考えます。

一方、何が正しい政策か、というのは、民主的な討議の場で争われるべき問題です。自分の考える正しい政策を、憲法にまぎれ込ませて、民主的討議で容易に変えられないようにするのは、アンフェアだ。

安全保障の問題も、通常の民主的討議の場で争われるべきです。そこでは、自分の主張が通ることも、通らないこともあるだろう。いったん通ったことが、あとでくつがえされることもある。でも、それが民主的ルールに従った政治的競争の結果なら、負けても結果は受け入れ、将来また再挑戦するというのが、フェアなやり方です。

それがいやだからといって、憲法で自分たちの主張を固守しようとする。これは、自分たちの安全保障観を、自分たちの政敵に押しつけるための、政争の道具として、憲法を使っていることになる。自分たちが望む範囲内に現状を維持するためには、解釈改憲をやってもいい。現状を違憲だ、違憲だと言い続けて、現状を固定してもいい。こういう欺瞞が、護憲派にもあったということです。

安倍政権は最初、硬性憲法の改正手続きを変えようとした。改正のハードルを下げる、つまり軟性化するための改正ですね。それをやったあとで、正規の憲法改正手続きを発動して、九条とかを変えようとしたわけですね。

もちろん、憲法の改正手続きを軟性化するのは間違いなんだ。それは批判されるべきで、実際、これはうまくいかなかった。

そして、それがうまくいかなかったら、今度は解釈改憲という手を使った。閣議決定で九条の政府解釈を変更し、集団的自衛権行使を可能にした。解釈改憲は、改正手続きの軟性化よりも、さらに深く立憲主義の精神を掘り崩している。憲法改正手続きをバイパスして、自分たちの気に入らない憲法規範を無視できるわけだから。

でもこれは、内閣法制局見解がやり、修正主義的護憲派もやってきたことなんだ。九条の文理からは明らかに無理な解釈を続けてきたわけだから。改憲派のほうが、まだしも、憲法を正式に改正しようとした点で、政治的欺瞞性があったとしても、憲法論的欺瞞性はなかった。

しかし今や、改憲派のほうも、解釈改憲のほうが楽でいいと学んだ。修正主義的護憲派の戦略を学習したわけだね。それで、右も左も、解釈改憲。

だから私は、安倍政権の姿勢を批判する論理的および倫理的資格が、護憲派にあるかというと、ないと今思っています。解釈改憲ＯＫの修正主義的護憲派にも、違憲事態固定化ＯＫの原理主義的護憲派にも、そんな資格はない。

安全保障に関する政治的結論は、私はいわゆる護憲派と、あまり変わらないと思います。対米従属構造に組み込まれるから集団的自衛権の行使は危険だ、とか。専守防衛の枠なら、要するに消極的正戦論の枠内なら、戦力の保有・行使は許される、とか。

しかし私は、自分たちが好む政治的結論を反対者に押しつけるために憲法を政争の具にすべきでない、これ以上、立憲主義をコケにすべきでないと考える点で、護憲派とは違う。

愚民観

私が九条削除を唱える理由は、これまで述べてきたように、安全保障の問題は民主的な討議の場で徹底的に議論すべきだと考えるからです。

しかし、九条固守を唱える護憲派の人たちはわりとエリート主義で、安全保障問題を民主的に議論させたら、ひどい魑魅魍魎《ちみもうりよう》が出てくる、みたいな、愚民観をもっているんですよ。ほかのところでは民主主義にリップサービスを払っているけど。

私はやっぱり、それはダメだと思うんです。

民主政は完全には信用できない、大衆民主主義状況のなかで多数の専制があるから、司法等々を通じてチェックしなければいけない、という考えはリベラル派に強い。保守層のなかでも、西部邁さんらの大衆社会批判がある。民主主義を放っておくと、愚民化する、愚民政治になる、という、ソクラテス以来のイメージがある。

私も、すでに言ったように、多数者が被差別少数者の人権を侵害することに対しては、憲法で歯止めをかける必要があると思う。しかし、安全保障のような、多数者自身を含む国民の利害に関わる問題について、おまえらに決めさせるとバカをやるから、われわれに任せろとエリートを自任する専門家や官僚が言うのは、許されないパターナリズム（paternalism）です。

パターナリズムというのは、父権的干渉主義とも訳されますが、要するに、「おまえたちには自分の利益を守る知恵も能力も足りないから、おまえたちの利益に関わる決定権は、おまえたちでなく賢い私（たち）が握る」という主張です。

しかし、パターナリズムを主張するエリートたちは本当にそんなに賢く有能なのか、実は非常に疑わしい。

福島原発問題なんか象徴的でしょう。民主的な批判的統制がおよばないところで、エネルギー政策をエリートたちに任せたら、この自称「賢い」人たちが、いかにバカをやるか。東大工学部原子力工学科をはじめとする「原子力村」の偉そうな学者・研究者や官僚、電力業界の経営陣・技術者たちが、絶対安全です、とか言って。

原発を建設する以上は、最大何メートルの津波が来た場合とか想定値を設定しないと建てられない。しかし、ある数値を想定したからといって、それ以上の地震・津波がないと想定していいということではない。この施設は、この想定値内の天災には耐えられると想定できるだけで、想定値を超える天災が発生した場合には施設に故障・破損が起こるから、それに備えた危機管理体制をしっかり整備しておかなければならないということです。

しかし、想定値以上の事態は起こらないと決めこみ、必要な危機管理体制の整備をしっかりやらなかった。原子力村のエリートたちは、民主的な監視や批判的統制が十分およばなかったところで事を決めているうちに自己批判的点検も弱まり、愚劣化、無責任化してしまった。

民衆を愚民視しているエリートたち自身が、実に愚かな失敗をする。エリートを含めて、みんなバカだ、だからこそ民主主義が必要だ。

民主主義の存在理由は何かというと、われわれが自分たちの愚行や失敗を教訓として学習する政治プロセスを、民主主義が提供してくれるということですね。完璧に頼れる人などどこにもいないが、愚者が自分の失敗から学んで成長することはできる。そのための政治プロセスが民主主義だ、と。

民主主義は愚民政治だという考え方とは逆です。愚民政治を批判するエリートも含めてわれわれはみんな愚かさから免れないからこそ民主主義が必要だ。この考え方を私は「我ら愚者の民主主義」と呼んでいます。

「我ら人民（We the People）」が主権者、これが民主主義だ、と言われますが、私は「我ら愚者（We the Foolish）」が愚者としての謙虚な自覚をもって自分の失敗から学ぶ政治こそ民主主義だと言いたい。

民主主義といっても複数のタイプがあるけど、私が提唱しているのが、「批判的民主主義」です。アカウンタビリティを明確にして、だれが間違ったか、何を間違ったか、ごまかしがきかないような制度にしよう、と。そうしないと、失敗から学ぶことができないから。

批判的民主主義論は、『現代の貧困』という拙著で展開しました。これを、「われら愚者の民主主義」として再定義して発展させようと思っています。

徴兵制というシバリ

安全保障体制についても、同様です。

軍事技術・軍事戦略・兵站・情報通信網とかのテクニカルなことは民主的プロセスでなく、専門家に任せてもいいけど、安全保障の基本原理——非武装中立かスイスみたいな武装中立か、あるいは、専守防衛か、集団的自衛権もオーケーとするか、とか——についても、専門家のほうが判断力があるというのはウソです。そういう自惚れた専門家には、おまえらふざけるな、と言いたい。

ただ、たしかに、民主的プロセスにゆだねて、あぶないことはある。アメリカだって、民主国家だけど、ベトナム戦争をやったように。

だから、私は九条削除論者で、その意味は、安全保障体制の選択を民主的プロセスにゆだねろということだけど、そのとき、条件づけ制約を憲法は取り込むべきだと思っています。

それは、もし戦力を保有するという決定をしたら、徴兵制でなければいけない、と。かつ、その徴兵制で、良心的兵役拒否を認めなければいけない、と。これを、条件づけ制約として憲法に入れるべきだ、という意見です。

それはなぜかというと、無責任な好戦感情に、国民が侵されないようにするためです。カントが有名な「恒久平和のために」（一七九五）で示した原理で、平和のための国内条件というのがあります。それは、国内体制が共和制でなければいけない、というものです。君主制のもとでは、君主が勝手に戦争を始めて、そのコストは国民が負わされるだけだ。しかし、共和制のもとでは、戦争するかどうか決定した国民自身が、兵隊になって戦場に出て、コストを負う。だから、戦争に慎重になるはずだ、と。

民主主義体制をもつ国家は、このカントの理論によるなら戦争に慎重になりそうですが、必ずしもそうではない。民主主義のもとで戦争開始決定に影響を与えたマジョリティが、そのコストを自分で負うならよい。しかし、そのコストを、自分たちが負うのでなく、マージナルな少数者に転嫁できるなら、好戦感情が抑制されるどころか、暴発する。

これは、アメリカで実際に起こったことです。

『世界正義論』のなかでもちょっと触れていますが、ベトナム戦争の初期においては、反戦運動なんてほんのひと握りでした。それは、初期は志願兵制で、主としてアフリカ系アメリカ人と貧困白人層《プアホワイト》が戦場に行っていたからです。

しかし、戦争の激化とともに、徴兵制が採択され、マジョリティである白人中間層の子供まで戦場に行くようになると、事態が変わる。大規模な徴兵制が始まって、初めて大規模な反戦運動が起こるんですね。大学とかを中心にして。

戦場で死ぬのはもちろん悲劇ですが、戦場で人を殺すのも悲劇です。自分の手を汚して人を殺し、トラウマになる。そして、精神がおかしくなる。

ベトナム戦争を描いた「プラトーン」を撮った映画監督のオリバー・ストーンは、自分自身がベトナム戦争に行っていた。彼の回顧談を雑誌のインタビューで読んだことがあります。帰国したとき、親父に電話して、「グッドニュースとバッドニュースがある」と。グッドニュースは生きて帰ってきたこと、バッドニュースは、今、麻薬所持で警察に捕まっている、と。

実際、私のアメリカ人の年長の友人は、ベトナム帰りで麻薬漬けになった人たちを専門に治療する病院で、心理療法士をやっていました。

ベトナム戦争は民主党が始めたんだけど、その民主党の下院議長も務めた議員で、ティップ・オニールという人がいた。ボストンをベースにした大物議員です。『世界正義論』の「注」で触れたけど、その彼が、回顧録でこんなことを書いている。

オニールは、ずっとベトナム戦争は正しいと思っていた。反対している国民は、戦略的情報がないからごちゃごちゃ言っている、と。ベトナムの赤化を許すとどうなるかわかっているのか、と、そんなふうに思っていた。

あるとき、学生が各地で反戦運動をやっているというので、おれが説得してやる、と遊説に乗り出した。学生との討議集会で、君たちは知らないだろうけど、おれはこういう情報を軍や国防省、ＣＩＡから得ているぞ、とか学生に話した。

そしたら、一人の学生が立ち上がって、あなたの情報源は戦争したい人たちばかりではないか、政府機関にだって戦争に懐疑的な人がいるけれどそういう人から情報を得ているか、と聞いたわけ。オニールはそこではっとして、自分の情報源が片寄っていたことに気づく。

そして、実際にひろく情報を集めたら、この戦争が正しいかどうかはもちろん、勝てるのかどうか、やるに値する戦争なのかどうか、真剣に考えざるを得なくなった。そして、戦争を進めていた民主党の大物政治家ティップ・オニール自身が反戦論に転向する。それが、アメリカ政界に大きな影響を与えたんです。

これは一つの例だけど、民主主義といっても、遠い他国に志願兵が送られて戦闘している自国の戦争を、遠くでながめている限りでは、人々はなかなか真剣には考えない。やはり、下手な戦争をすると、自分や、自分の子供たちが本当に命を落とす、あるいは人を殺さなければならない立場になる、ということが切実に感じられて、初めてその戦争はやるに値するのか、真剣に考えるようになる。

だから、徴兵制の採用は、軍事力をもつことを選択した民主国家の国民の責任である、と。自分たちが軍事力を無責任に濫用しないために、自分たちに課すシバリだ、ということです。

そして、徴兵は、絶対に無差別公平でなければいけない。富裕層だろうが、政治家の家族だろうが、徴兵逃れは絶対に許さない。

アメリカが大規模な徴兵制の採択を機に、ベトナム戦争で世論が好戦から反戦に変わったことを話したけど、「9・11」の後のアフガニスタン侵攻や二〇〇三年のイラク侵攻はまた志願制で、元の木阿弥になった。戦場に行ったのは、ベトナム戦争の初期と同じ、中西部の失業しつづけている若者とかの貧困層が主です。

マイケル・ムーアのドキュメンタリー映画「華氏911」でもあったね、ムーアが議事堂に出入りする国会議員に質問するところが。アメリカの国会議員が上下両院で五百何人かいて、子供をイラクに送ったというのは、たった一人だったかな。

こうなると、民主国家でも、やはり無責任な好戦感情に引っ張られてしまう。

付け加えれば、今の日本の自衛隊も、必ずしも裕福な家庭の子供が行くところではない。例外はあるだろうけれど。イラク＝クウェート戦争で日本は多国籍軍に膨大な資金援助をしたのに自衛隊は軍事出動させなかった。それを「金だけ出して血を流さない」と諸外国に批判されて恥ずかしかったというある外務省OBが、集団的自衛権行使を支持する発言をしたとき、これからは日本もカネを出すだけでなく血を流す、みたいなことを言った。それをテレビで聞いて、私は思わず叫んでしまった。「誰が血を流すんだ！　おまえの子供じゃないだろう！」と。アメリカと同じで、あぶない。

兵役拒否の問題

だから、徴兵制の採用。そのうえで、兵役への良心的拒否権を保障する。

前に私は、絶対平和主義について話しました。現行憲法第九条を素直に読むなら、それは絶対平和主義だ、と。しかし、今の護憲派は、この絶対平和主義をまじめに受け取っていないから欺瞞だ、と。

しかし、それは、絶対平和主義が支持されるべきだという意味ではありません。

絶対平和主義を、欺瞞的にではなく、貫くという人がいるなら、それはもちろん立派です。殺されても殺し返さない。非暴力抵抗。そういう峻厳な倫理的責務を負う覚悟があるならば、尊敬に値する。

しかし、それは普通の人には背負えない、過度に重い道徳的責務です。だから、絶対平和主義者でなくてもべつに恥ではない。日本国憲法は、字句どおりに読めば、この普通の人が負いきれない責務を集団で選んだようになっているから、その部分は削除されるべきだ、と私は言っている。

私自身は、前に言ったように、消極的正戦論です。消極的正戦論は、それが課す義務以下に振る舞うこと、すなわち、自衛を超えた戦争は許さない。そして、絶対平和主義の非暴力抵抗のような義務以上の行動については、これをすべての国民に義務として課すのはダメだけど、それを自発的に引き受けるという人がいるなら、排除はしない。

だから、徴兵制をしいたうえで、絶対平和主義の人が良心的拒否をするなら、その権利を認める。それは、武器をとって人を殺すことを拒否する権利、ということですね。その権利を認めることで、絶対平和主義の理想を、消極的正戦論に取り込むことが可能だと思うんですよ。

ただし、良心的拒否権を行使する人には、よほど厳しい代替的役務を課さなければなりません。

ドイツは戦後、ごく最近まで徴兵制をしいていましたが、良心的拒否権を認めていました。そして、良心的拒否をした人には、代替役務として、ツィヴィル・ディーンスト、

「市民的奉仕」というのを課したんだけど、それが少し軽すぎたんですね。安全な役務でもいいということになっていて、それだと、徴兵逃れに利用される可能性が大きい。

良心的兵役拒否権が、同胞兵士に対するタダ乗り、「自分だけ安全地帯にいたい」というようなエゴイスティックな濫用をされないためには、代替的役務はもっと厳しいものでなければいけないと私は思います。

殺されても殺し返さないという非暴力抵抗の精神が、この権利の根拠ですから、自分も命を失うリスクを引き受けなければならない。非武装で看護兵をやるとかね。あるいは平時においても、被災地域の救済とか。消防隊とか。

たとえば、韓国は徴兵制をしいているけれど、良心的兵役拒否権はありません。しかし、消防隊員になることは兵役とみなしている。平時においても消防隊員はものすごく危険な仕事だから、実質的・機能的に兵役の等価物なんですね。

要するに、タダ乗りを許さない、と。同胞兵士が生命をかけて戦ってくれるおかげで得られる安全保障の利益は享受しながら、自分だけ安全地帯に逃れるための口実として良心的拒否権を濫用することを許さない。ダブルスタンダードを許さない、という正義の要請を前に言ったけど、タダ乗りを許さない、というのも、同じ正義の要請の一つです。

政治家・富裕層・エリートの一族、多数派中間層などすべての国民に無差別公平に課される徴兵制。そして、良心的兵役拒否は認めるけれど厳しい代替役務につく。それは、無責任な好戦感情による無責任な戦力の行使を防ぐという意味もあるけど、このタダ乗りを許さないというルールの具現化でもあります。だから私は、それを憲法で条件づけるべきだと思っているんです。

誤解のないように言っておけば、私は徴兵制を定言的に憲法に入れろと言っているんではないですよ。もし戦力を保有するなら、無差別公平な徴兵制を採り、良心的兵役拒否権を保障しなければならない、そういう条件でのみ戦力を保有できるという条件づけ制約を入れろ、ということです。前に言ったように、戦力を保有するかどうかといった選択は、憲法がするべきではありません。

天皇制

――第一部の最後に、天皇制についての意見を聞かせてください。

天皇制の主語は、天皇じゃなくて国民だ、というのが、私の天皇論ですね。国民が、自分たちの集合的なアイデンティティを確保するために、そのアイデンティティの中核になるものがほしい、と。それはそのときどきの選挙で変わるような政治家ではなくて、万世一系の天皇でなければいけない、と。

天皇・皇族が、日本人のナショナル・アイデンティティ確立のために不可欠だということで、国民統合の象徴、つまり記号として使うのが、象徴天皇制である。これは民主主義とは必ずしも矛盾しない。民主主義も人民の自己統治というなら、統治主体たる人民の集合的アイデンティティを確立しなければいけないからです。

天皇・皇族を自己のアイデンティティのために「使っている」のは国民だ。天皇・皇族には職業選択の自由はない。政治的言動も禁じられ、表現の自由もない。天皇制は主権者国民が皇族を奴隷化するという意味で、最後に残された奴隷制。天皇制は反民主的だからでなく、民主的奴隷制だから廃止せよ、というのが自説です。

今のところは、右側の勢力が皇室を「使う」傾向がやはり強い。しかし、それに対しては、天皇自身や皇族は、距離を置きたがっているように見えます。

二〇〇四年秋の園遊会で、当時、東京都教育委員だった棋士の米長邦雄が天皇に、「日本中の学校で国旗を掲げ、国歌を斉唱させることが私の仕事でございます」と言ったところ、天皇が「やはり、強制になるということでないことが望ましい」と、米長をやんわりいさめたことがありましたね。これすら「政治的発言」だと問題になったんだけど。

――昭和の終わりの自粛騒動のときも、皇太子であった今の天皇は、自粛を憂慮する発言をしていました。天皇になってからも、「言論の自由が大変に大切」で、それには天皇制の是非に関する言論も含まれる、という趣旨の発言をしています。

私は昭和天皇の戦争責任を認める立場ですが、今の天皇には好感をもっています。言論の自由発言もそうだけど、いちばん感動させられたのは、夫婦で日本中のハンセン病患者の施設を訪問したことですね。ハンセン病の補償法案は通ったけれども、もう今さら帰れない人たちですね。全国に一四カ所くらいあるのを、全部回った。

要するに、あなたたちは見捨てられていないよ、という気持ちを伝えたわけですね。長く差別され続け、今は忘却されようとしているいちばんマージナルな少数者のところに行く。補償が通ったから、天皇が行かなければ、メディアももう忘れているわけでしょう。ああいう不幸な少数者に絶えざる視線を注ぎ続けることを地道にやっているのには、本当に感動させられました。

しかし、一方で、老齢の夫婦が体にむち打ってそこに行かなければいけない、そうしなければ日本国民の関心がそこにいかない、というのは、何か痛々しくもある。天皇夫婦の献身的な姿に感動する一方で、彼らを国民統合のための記号として奴隷的に使役している日本のメディアと一般国民に怒りも感じる。

靖国問題

先ほど慰安婦問題を取り上げたけれど、靖国の問題もありますね。

靖国問題は、中国や韓国の反応をめぐっては国際問題でもあるけど、何よりもまず国内問題です。政教分離違反、憲法問題ですから。

私は、この問題は安倍政権がちゃんと解決すればいいと思う。要するに、世俗的な慰霊施設をつくればいいんですよ。千鳥ヶ淵は無名戦士だけですから。新たな施設をつくる。それに対して、日本遺族会や、草の根保守の運動団体は、かつては反対していたんだけど、最近はそうでもないらしい。

昭和天皇は靖国神社を親拝していたわけだけど、それを中止した理由が、A級戦犯合祀《ごうし》だったことが、元宮内庁長官のメモで明らかになっています。靖国の宮司が勝手にA級戦犯を合祀して、それで天皇が怒って行かなくなった、と。

日本遺族会とかには、やっぱり国のために戦って死んだ人に対しては、ときの首相だけではなくて、天皇に慰霊に来てほしい気持ちがあるでしょう。だから、靖国に来てほしかっただろうけれど、その中止の理由がA級戦犯合祀であるとはっきりした以上は、天皇が来やすいように、憲法上の問題も起こらない世俗的施設をつくるという方向に、反対しないようになっているらしい。

だから、アメリカのアーリントン墓地みたいな、世俗的な慰霊施設をつくって、天皇にも来てもらうというのは、草の根保守の票田を意識する安倍政権でもできないことではないと思う。神社政治連盟は抵抗するかもしれないけれど。

もっとも、政教分離、A級戦犯問題との関係ではこのやり方でいいとしても、天皇の記号的使役の問題は残ります。

A級戦犯問題について少し補足します。わかってない人も多いようだけど、A級戦犯の問題というのは、日本の敗戦処理をめぐる国際的な「手打ち」にかかわる問題なんです。

東京裁判で、天皇を裁判にかけないかわりに、A級戦犯を裁いた。大日本帝国支配層の責任をA級戦犯に限定することで、天皇に累《るい》がおよばないようにしたわけです。そういう「手打ち」をした。それは、保守もわかっていたはずです。

だから、その妥協がよかったかどうかはともかく、A級戦犯を復権させるようなことをしたら、かつての「手打ち」を反故《ほご》にすることになる。そうすると、中国や韓国が怒るのは当たり前じゃないですか。かつての連合国だって危惧を覚える。

そういう政治的計算ができなくなっている。保守が幼稚化している。保守政党のなかでの記憶の継承がうまくおこなわれていないんですかね。日本政治をずっとフォローしている外国人研究者たちがむしろ心配したりしている。

危険な依存

天皇制がこれからどういう道をたどることになるのか、私にはわからない。だけど、リベラルの立場からは、皇族の人権問題に考えがおよびます。人権的な意味で、皇族を、天皇制から解放する必要があると思う。

また、それとは別に、日本人の政治的成熟という点からは、皇族にいつまでも自分たちのアイデンティティ形成を頼るというのは問題だ。

その依存は、現実に危険でもある。昭和天皇の「ご不例」での自粛ブーム。あのときは本当にひどかったけれど、ああいうことがこれからも起こるのかどうか。同じようなことが繰り返されなくても、別の形で、天皇への依存がナショナリスティックな集団ヒステリーを引き起こすかもしれない。

——最近は、「左」の側が、リベラルな皇族の発言を使って、安倍政権などを牽制しようという動きもありますね。

それも依存ですよね。とくに、リベラルな価値を擁護するといったことは、皇族に任せるのではなく、自分たちでやらねば。

甘えだけが皇室依存の問題ではありません。もっと深刻な問題がある。

天皇制の問題は国民のアイデンティティを確保するために天皇・皇族から人権を剝奪して記号的存在にすること、皇室を「最後の奴隷」にすることにあると言いました。人権尊重を掲げるリベラル派が、自分たちの政治目的を実現する手段として、この最後の奴隷制を利用するというのは、思想的な自殺です。今の日本のリベラルが、そのこともわからなくなっているとしたら、これは末期症状ですね。

第二部

正義の行方

文魂法才

——第二部では、井上さんの出版された仕事をたどりながら、日本のなかで自分の哲学をどう発展させていったかを聞きます。まず、井上さんが法哲学を志したきっかけを教えてください。

もともと私は法学にはあまり興味のない哲学青年でした。

でも、文学部で哲学をやっても、就職のときつぶしが利かない、食えない、というのはわかっていました。

私が若いころ、東大法学部には「文魂法才《ぶんこんほうさい》」という言葉があった。「和魂洋才」のもじりです。魂は哲学青年、文学部向きなんだけど、文学部じゃ食えないから法学部に来た。そういう人を「文魂法才」と言ったけど、私なんかその典型でした。

それに加えて、東大法学部に興味をもつきっかけになったのが、三島由紀夫の割腹自殺です。あれが起こった一九七〇年、私は高校一年生で、やはり衝撃的でした。

赤の他人の死で大きな衝撃を受けたのは、一九六三年のケネディ大統領暗殺以来――そのときは、私はまだわけのわからない子供だったけど、なんかすごい衝撃を受けた。

三島の死は、それに匹敵する衝撃でした。

三島は、東大法学部を出て、大蔵官僚をやって、作家に転身して、映画俳優のまねもして、ミリタリー・オタクっぽい会を作って、最後、ああいうことをする、この男は一体何だと。その三島への興味から、彼が出た東大法学部に興味をもったんですね。

それで一九七三年、東大法学部に入ります。

入ってみると、当時の東大法学部は、官僚養成学校ですね。今は国家公務員になるのはだいぶ減りましたけれど、当時は東大法学部を出たら、官僚になるか、あるいは民間だったら、銀行とか金融業界に就職する人が多かった。

そういう仕事は私には向かないと思った。私は、自分が傲慢な人間であることを知っているから。組織に順応するのは無理だな、と。

最初は、弁護士という仕事が、なんとなく自由そうでいいと思っていました。

でも、大学二年生のとき、考えが変わります。六本佳平《ろくもとかへい》先生の「法社会学」という講義をとっていたのですが、六本先生は当時、弁護士の実態調査、意識調査というのをやっていました。弁護士にアンケートを配って、回答した人に、さらにヒアリングに行く。

そのヒアリングに人手が足りないというので、授業を聞いている学生からボランティアを募りました。協力したら、成績に加点してくれる、と。これはいい、加点してもらえるし、そういうことでもなければ学生が簡単には会えない弁護士と面談できる。というわけで、私は手を挙げて、東京の弁護士五人くらいに会い、いろいろ話を聞きました。

ところが、私が面接した弁護士たちが、残念ながら私にとって魅力的じゃなかった。今では有能で人間的魅力に富む弁護士さんも多いのは知っているけれど、そのとき会った人たちは、失礼ながら、視野の狭い実務家。情熱もあまり伝わってこない。五人が五人ともね。「いやあ、弁護士って、こんな感じなんだ。弁護士をやってると、こんな感じになってしまうのか」と。弁護士という仕事が、私のなかで、急速に魅力を失った。

真理との出会い

で、自分の進路を考え始めていた大学三年のとき、碧海《あおみ》純一先生の「法哲学演習」というゼミにたまたま出たんですよ。そのときのテキストが、法とは何の関係もなくて、ボヘンスキー〔J・M・ボヘンスキー 一九〇二―一九九五 ポーランドの哲学者、論理学者〕の『哲学』という本でした。一種の入門書ですね。哲学の一般的なテーマを一つずつ論じる構成になっている。

学生にテーマが割り振られて、レポートを書いてゼミで報告しなければならない。そこで私が担当したテーマが、「真理（the truth）」でした。

私は昔から哲学青年だったんだけど、影響を受けていたのは、やっぱり当時の現代思想ですね。当時、私と同じ「文魂法才」の法学部の仲間とは、メルロ＝ポンティ〔モーリス・メルロ＝ポンティ　一九〇八―一九六一　フランスの哲学者。『知覚の現象学』など〕だとか、そういうフランス現代思想っぽいものを、翻訳だけど、読んでいました。そういう、晦渋《かいじゅう》な言語を弄《ろう》して、カッコイイことを言うみたいなね。

ボヘンスキーの『哲学』は、それとまったく違う。ボヘンスキーは、分析哲学〔二〇世紀の英語圏で主流となった哲学の一派。論理的な明晰さを追求する〕の影響を受けた人でした。だから、哲学の根本的な難問とされている問題さえ、きわめて明晰《めいせき》な言葉で語られていた。

私の恩師になる碧海先生が、分析哲学に影響された人でしたから。哲学に対する私のイメージが、そこで激変するんですね。

それと同時に、「真理」というテーマを割り当てられたのがよかった。

「真理」をテーマに、ゼミのレポートを書きながら、私はそのとき、哲学的な回心の体験、一種、宗教的ですらある精神の転向というか、あるいは啓示と言ったほうがいいのかな、レヴェレーション（revelation）ね、それを体験しました。

それまで、「真理」とは、「人間が真理として知っていること」だと、当然のごとくに、思っていました。人間がそれを真理だと認識するから、真理がある。人間を離れて、人間が知り得ない真理というのはナンセンスだ、と。

しかし、そのときに、認識の問題と真理の問題は別だという発想が生まれた。ある命題は、人間がそれを真であると知り得ることなく、真であり得る、と。真理を、さらに言えば価値一般を、個人とか特定の集団の信念に還元するのは誤りである、と。

真理を主観に還元しない、一種の客観主義ですね。私は今でもその立場です。つまり、その後の私の価値相対主義批判のベースになった発想が、そのときに生まれたんですね。他人には「この人、変じゃない」と思われるかもしれないけれど、私はそのとき、初めて「存在」と出会ったんです。そのレポートを準備しながら、一晩中、頭が回転して、寝られない。眠くならない。そういうことが起こりました。

しかも、法学部でも哲学をやっていいんだ、ということがわかった。かつ、当時は、法学部で優が3分の2以上というい成績をとると、大学院をスキップして、いきなり助手にしてもらえた。これは、東大法学部が、優秀な学生を当時の大蔵省とかの官庁に独占させず、研究者としてリクルートするための制度でした。そういう学生を、すぐ生活できるようないい条件で採っていたわけです。

今はもう学部卒助手の制度は、基本的には廃止になったんですが、当時はそれがあったから、そうか、成績をちゃんと取れば、親に経済力のない俺も助手として給料をもらいながら勉強できるんだ、と。それで、法哲学の研究者を志すことになったんですね。

考えてみれば、「文魂法才」で、食うために法学部に入って、あれも嫌だ、これも嫌だと思っているうちに、単なる消去法を超えた、法哲学者という魅力的な職業というかキャリアに出会えた。それはラッキーでしたね。

相対主義の克服

――そのころ、一九七〇年代というのは、私も覚えていますが、「シラケ世代」とか言って、相対主義的な空気の時代でした。吉田夏彦さんが『相対主義の季節』という本を書いていますね。その時代に、相対主義批判というのは、かなり反時代的だったはずです。

私の恩師の碧海先生も、検証不可能な命題は無意味だとする論理実証主義の立場から、価値判断は実証できないから、主観的感情の表出にすぎないとして、価値相対主義を支持していました。

他方で先生は、事実認識の問題に関しては、論理実証主義を批判したカール・ポパーの影響を受けていました。私もポパーを読んで目を開かれる思いがした。前に言ったように啓蒙のポジの面を発展させた哲学者として彼を高く評価しています。ポパーの批判的合理主義に立つなら、碧海先生が価値相対主義に固執しているのは矛盾だと思いました。

ここでポパーの哲学について、少し立ち入って説明します。

論理実証主義（logical positivism）は、検証可能な命題、すなわち、真であることが証明できる命題のみを有意味な命題とする検証主義（verificationism）を主張したが、ポパーはこれを斥《しりぞ》ける。これだと、神学的・形而上学的命題や価値判断が認識的意味を欠くとされるだけでなく、自然科学の法則命題まで無意味になってしまうからです。

法則命題は、あり得るすべての場合に関わる普遍的な主張ですから、ヒュームの帰納法批判が示すように、法則命題を例証する有限個の経験的観察をいくら積み重ねても、それに反する事例が生じる可能性を排除できず、その真理性は永遠に証明できない。

これまで観察してきた白鳥がすべて白かったから「白鳥はすべて白い」と言っても、黒い白鳥が見つかったら反証されてしまう（実際にブラック・スワンは発見されました）。

しかし、自然科学の法則命題までが単に偽であり得るだけでなく、無意味になってしまうというのは不合理な帰結で、これは検証主義が誤っていることを逆に示しています。

ポパーは、検証主義に代えて、反証可能性（falsifiability）、すなわち、「反例」の発見等により命題が偽であると示せることを、当該の命題の科学性の基準にする反証主義（falsificationism）を提唱します。これはさらに、誰のいかなる主張も可謬《かびゅう》性を免れず、徹底的な批判に曝《さら》される必要があり、批判的テストにとりあえず耐えてきた限りで暫定的に受容されるだけだという立場につながる。

彼は、このような徹底的な批判的討議により、理性の独断化を克服する自分の立場を批判的合理主義（critical rationalism）と呼び、カントが信じたアプリオリな総合判断の可能性も否定して、理性批判をカントが立ち止まった地点を越えて貫徹しようとしました。ポパーの反証主義の主張に対して、科学法則は検証不可能であるだけでなく、決定的な反証も不可能だという批判がされていますが、ポパーも決定的あるいは終局的な反証が可能であるなどとは言っていない。むしろ、そのような終局的反証の主張は、その根拠となる反証事例についての認識を確実に証明可能とみなす点で、検証主義への逆戻りだとして斥けている。彼のポイントは、次の点にあると思う。

たしかに、反証を突きつけられても、反証となる証拠の証明力は一〇〇パーセント確実ということはない。なんだかんだ言い逃れをしようと思ったらできないことはない。だからこそ、われわれは、他者から何を指摘されても言い逃れできるように、自分の主張を「批判免疫化」して絶対化する誘惑に駆られやすい。これはカントも負けた「独断のまどろみ」に戻りたいという誘惑の別の形です。

この誘惑が悪魔の囁きのように、執拗に迫ってくるからこそ、われわれはそれに抗して、自己の主張を他者の批判的吟味に絶えず曝し、他者の批判が決定的反証にはならなくても自分に再考を迫るだけの理があると思えるときには、自己の主張を潔く撤回ないし修正するという自己批判的謙抑性と知的廉直性をもつべきだ。そうしてこそ、自分の精神の地平を広げ、豊かにすることができる。ポパー解釈の問題は別としても、私はこのように理解された立場として批判的合理主義を支持している。

もう一つ、批判的合理主義が示す重要な洞察があります。それは可謬主義（fallibilism）です。

これは、単に、われわれの信念が可謬性を免れないと主張するだけではない。もっと重要なのは、そのような自己の信念の可謬性を自覚できるためには、われわれの信念がそれに照らして間違っている、あるいはその限られた側面しか見ていないという意味で部分的で不完全だと言えるような、われわれの主観的信念を超えた何か、客観的な何かが存在するという想定が必要だとしている点です。

「客観的なるもの」の想定に対して、現代哲学の潮流の多くは反発する。この想定は、何が客観的かについての自分の判断を、それと異なる他のすべての判断を覆すための不動の梃子の支点、いわゆる「アルキメデスの支点」として固定化し絶対化する発想だと。

しかし、これほどの誤解はない。自分の判断、あるいは自分が崇拝するだれかの判断を客観的真理とみなして絶対化するのは、特定の主観的信念に客観を還元するもの。これは主観を相対化するためにこそ、それを超えた客観的なるものを想定する可謬主義とは正反対の主張です。

可謬主義が想定する客観的なるものは、自分や自分の崇拝者も含めて、だれもそれが何であるかを確知しているなどと標榜できない何か、いわば永遠の未知数X《エックス》です。それは、自己の立場をアルキメデスの支点として絶対化するすべての思想を斥ける。

たとえば、臆見《ドクサ》を超えた真知《エピステーメー》を享受するプラトン的哲人王の理想は真っ先に「アウト！」と宣告される。カトリックの法王無謬説もアウト。マルクス主義の前衛理論（歴史的発展の前衛たるプロレタリアート、さらにその前衛たる共産党、さらにまたその前衛たる共産党指導者のみが「歴史の客観的発展法則」を正しく認識し得るがゆえに正しい政治指導ができるという思想）もアウトです。

もっと言えば、主観的信念を超えた客観的なるものの想定を排撃する衝動が、現代哲学の多くの潮流を蝕む病理になっている。この病理がまさに価値相対主義に典型的に現れています。

価値相対主義は、「自己の価値判断を絶対化するな」というまともな動機から出発しながら、「価値判断の妥当性は判断主体に相対的だ」という間違った命題によってこの動機が表現できると錯覚した。その結果、この動機とは正反対の立場、われわれに自己の価値判断を独断的に絶対化させる立場に陥っている。なぜか？

価値判断の妥当性が判断主体の主観的確信に還元されるなら、自己の価値判断の正しさを他者に対して主張できなくなるだけでなく、自己の価値判断を他者が間違っていると批判することもできなくなる。自分の信念を超えた客観的価値など存在しないなら、自分の価値判断が可謬的だという想定も無意味になるからです。自分の主観的確信こそが価値の最終的で絶対的な根拠になる。

自己の価値判断に対する他者の批判の可能性を閉ざす点で、価値相対主義は、独断的絶対主義と変わりはない。このように批判的合理主義を真剣に受けとめて、価値についても独断的絶対主義を斥け、われわれの価値判断の可謬性を認めるなら、価値相対主義をも斥けなければならない。

碧海先生は二〇一三年の夏に亡くなられて、二〇一四年の九月に追悼のシンポジウムが開かれました。そのときの講演でも言ったのですが、私は碧海先生に影響を受けつつも、恩師に内在する価値相対主義と批判的合理主義との矛盾が非常に気になっていました。私は批判的合理主義の基礎にある可謬主義を徹底して、価値相対主義と、それにくっつきやすかった法哲学上の法実証主義というものを、克服したいと思っていた。

それが動機となって書いたのが、助手時代の論文——助手論文は三年間で書かなければならなかったのですが——で、一九八〇年に法学部に提出した「規範と真理」です。当時はワープロもなくて、手書きの生原稿です。それをかなり修正し「規範と法命題」と改題して活字にしたのはもっと後、一九八六年にハーバード大学に留学する前年から留学中の一九八七年まで論文の改訂をし、『国家学会雑誌』に四回に分けて連載しました。

正義と善

——ロールズの『正義論』の原書は一九七一年に出版されましたが、井上さんは助手のころ

にはそれを読んでいましたか？

読んでいました。

ロールズも分析哲学から出発しているのですが、そのわりには明晰さが足りない、という印象があった。

それでも、初期のロールズの結論は、例の「格差原理」以外は、基本的にいいと思っていたんですよ。

基本的自由の権利は各人が平等にもつ、という、ロールズのいわゆる「正義の第一原理」は、いい。それから「第二原理」で、社会的経済的利益については格差があってもいいけど、それは二つの条件で調整されるべし、と。一つは公正な機会の均等、もう一つは、最も恵まれない層の境遇の最善化。後者の条件がいわゆる「格差原理」ですが、私はこれは、ちょっとまずいなと感じていた。

格差原理のファンは多いから、この点、少し立ち入って説明しましょう。

ロールズは格差原理によって経済格差が正当化される典型的な状況として、才能ある人々に大きな報酬を与えて才能行使のインセンティヴを強化すれば、社会の生産性が高まって経済が発展し、結果として最下層の人々に至るまでその境遇が引き上げられるという、いわゆる「トリクル・ダウン（利益の滴り）効果」がある場合を挙げていた。

日本のロールズ贔屓《びいき》の研究者のなかには、この点をとらえて、格差原理が富裕層から貧困層への強制的再分配を正当化すると考えて批判するのは誤解だと主張する者もいる。ロールズが自説の魅力を高めようとして言っていることをそのまま無批判に真に受けて、ロールズを擁護する人たちを、私は「おめでたいロールジアン」と呼んでいる。こういう人たちが研究者のなかにも少なくないのは困ったことだと思う。

資本主義にトリクル・ダウン効果が本当にあるのか、最近話題になったピケティの否定説により論争が再燃している。しかし、ここでの問題はそれではない。トリクル・ダウン効果という「幸運な帰結」に訴えて格差原理を擁護する議論の欠陥は次の点にある。

トリクル・ダウン効果が仮にあるとしても、その場合には、最上層から最下層まですべての人々の境遇が引き上げられるから、何も格差原理を持ち出す必要はないということです。だれの境遇も改悪せずにだれかの境遇を改善できることを社会的改善とみなす、いわゆる「パレート原理」で十分正当化できる。

パレート原理ではだめで、格差原理によらないと正当化できないのは、最下層の境遇を最善化するためには他の層、つまり上層の境遇を引き下げる必要がある場合、すなわち再分配が必要な場合です。

しかも、この場合でも、上層の才能行使インセンティヴを阻害しない程度の課税による再分配なら、いわゆる「限界効用逓減の法則」により、資源移転による上層の効用減少量よりも下層の効用増大量が大きいから、効用総計の最大化を求める功利主義によっても正当化できることになる。

結局、パレート原理でも功利主義でもだめで、格差原理によってしか正当化できないのは、すなわち、格差原理の「独自性」が真に発揮されるのは、次の場合です。それは、上層から、その才能行使インセンティヴを減殺する程度に、したがってまた経済的パイを縮小させて効用総計を低下させる程度に、多くの税金をとって最下層に再分配することが、最下層の境遇最善化のために必要な場合です。

上層対下層、富裕層対貧困層という単純な二項対立図式ではなく、中間層を視野に入れたより現実的な社会モデルで考えると、格差原理の問題点がさらに明確になる。富と才能に恵まれた上層には「逃げ足」がある。彼らの税負担を大きくすると、資産や事業所得拠点を海外のタックス・ヘイヴンに移転したり、自ら移住したり、税回避策のプロを雇ってさまざまな抜け穴を見つけたりする。

これに対して中間層の人々については、「逃げ足」は皆無でないにしても、それほど強力ではない。しかも数が多いから、同じ税金総額でも、少数の上層から集中的にとるより、中間層に広く薄く分散してとったほうが目立ちにくく抵抗を緩和できる。

こういう条件のもとでは、最下層の境遇を最善化するには上層の税負担を軽減し、中間層の税負担を増大させることが必要になる事態もあり得るし、実際、「とりやすい中間層からとる」という課税戦略が現実におこなわれている国は少なくない。こういう課税戦略も最下層の境遇最善化のために必要かつ有効なら、格差原理はこれを正当化する。

最後の点は、ロールズが自己の正義論を「公正としての正義（justice as fairness）」と呼んでいるにもかかわらず、格差原理は不公正なのではないかという疑問をもたせます。

ロールズは功利主義に対し、それが効用のパイの総体の最大化にだけ関心をもち、このパイを人々の間にいかに分配するのが公正かという問題に固有の関心をもたない点で不公正だと批判しました。しかし、格差原理も最下層の境遇の最善化にのみ関心をもち、それを実現するための負担を他のさまざまな層の人々にどのように分配するのが公正かという問題を無視している。功利主義に向けたのと同型の批判がロールズ自身に送り返される。

格差原理には今見た「分配の公正」という観点からの批判だけでなく、リバタリアンから、最下層の境遇改善のための強制的再分配は、経済的自由や市場的競争を侵食するという批判も向けられています。米国のような資本主義社会では後者の批判のほうが強い。

ロールズは、後者の批判を斥けるのではなく、回避するために、自分の理論の射程を限定します。最下層の人々の境遇の最善化という格差原理の理念から言えば恣意的としか言いようのない射程制限をこの原理に加えて、この原理を希薄化するに至った。

この希薄化路線によれば、格差原理は、市場経済の分配帰結を事後的な強制的再分配によって是正することを要請しない。財産法・契約法・会社法・商取引法など、市場経済の制度的基盤を、未熟練労働者の平均賃金のようななんらかの指標で測られる最下層の境遇が最善化される帰結をもつように、事前に調整することを要請するだけ。

事前の制度調整で予測された「最善化されるであろう最下層の境遇」の想定値を下回る境遇に一部の人々が陥る事態が現実に生じても、事後的再分配で現実の分配帰結を是正することはしない。制度を修正して新たな事前調整が試みられるだけということになる。格差原理のこのような射程限定を理論的洗練ないし発展として擁護する「おめでたいロールジアン」もいますが、この限定は混乱している。

最下層の境遇の指標選択の恣意性という問題もありますが、それ以上に次の点が重要です。市場経済の制度基盤が分配帰結を左右することは事実で、事前の制度調整が分配の公正化のために必要だというのはそのとおりだが、そこから事前の制度調整だけで十分だとするのは、まったくの飛躍論証。事前の制度調整だけで救済できない苦境に追いやられてしまう人々は必ずいるわけで、分配の公正化のために事後的救済も必要です。

分配的正義の問題を重視するノーベル賞経済学者のアマルティア・セン〔一九三三ー　インドの経済学者〕も、その正義論の主著「正義の理念 *The Idea of Justice*（邦訳『正義のアイデア』）」（原著二〇〇九年）において、この点でロールズの立場を「超越論的制度主義（transcendental institutionalism）」と呼んで批判している。「超越論的」という言葉の使い方はカントの啓蒙について述べたように、不正確で気になりますが、ロールズの制度主義に対する批判は当たっている。

さらに言うと、市場経済への恣意的で放漫な政治的介入の難点の回避と、弱者保護とを両立させるうえで必要なのは、事後的再分配を排して事前の制度調整に限定することではない。重要なのは事後的再分配の仕方です。市場的競争を制限する規制による弱者保護は、規制を導入する政治的組織力をもつ利益集団の特殊権益保護手段として濫用されやすい。

競争制限はせず、だれであれ無差別公平に一定レベルまで生活保障給付を受ける「市場外での再分配措置」なら、弱者保護の公正化と市場的競争の健全化を両立させ得る。かかる弱者保護の指針になるのは格差原理ではなく、人間の品位保持に必要な最低限の生活水準を万人に保障するdecent minimum（尊厳最低限保障）の原理で、私もその支持者です。

以上、格差原理を批判しましたが、その他の点では前期ロールズの正義の二原理は基本的にはいい。何より、ロールズの「善に対する正義の優位（primacy of justice over the good）」という概念は、リベラリズムの核心の一つです。それについては、評価していました。

ただし、ロールズ自身が、その概念を両義的に使用して混乱している部分もある。私が評価しているのは、この概念の「反卓越主義」と呼ぶべき部分です。それは次のような原理です。

人はただ生きるだけでなく、善く生きたいと思う。しかし、善く生きるとはどういうことかはその人の宗教、人生観によって見解が分かれる。この見解をロールズは「善《よ》き生の構想（conceptions of the good life）」と呼ぶ。

「善き生の構想」は人それぞれなんだから、正義の原理は、どれか特定の「善き生の構想」に依存することなく正当化されなければいけない。これは、善に対する正義の独立性の要請。

また、このように正当化された正義の原理が「善き生の構想」と衝突する場合には、正義の原理が「善き生の構想」を制約する。これが制約性の要請。

この、正義原理の「善き生の構想」に対する独立性と制約性の要請は、私が重要と評価するリベラリズムの原理の一つです。政治権力が正しい「善き生の構想」を公定し、それに従って人々の生き方を統制するのを是認・要請する立場は「卓越主義（perfectionism）」と呼ばれますが、今触れた原理はこの立場を斥けるので反卓越主義と呼ばれます。

リベラルな反卓越主義は、善き生の構想の追求を諸個人の自律的探究にゆだね、多様な善き生の構想を追求する人々が相互の生き方を公正に尊重する共生の枠組みとして正義原理を捉えます。このような正義原理は、政治権力がどれか特定の善き生の構想に他に優先する特権を与えることを許さない。善き生の諸構想に対する正義原理の独立性と制約性が要請されるのはそのためです。

初期のマイケル・サンデル〔一九五三― アメリカの政治哲学者。『これからの「正義」の話をしよう』など〕が提唱した「共同体論」、コミュニタリアニズム（communitarianism）は、こういうリベラルな反卓越主義を批判する卓越主義の現代版です。サンデルによれば、一つの政治共同体には、その「共通善（the common good）」と呼ぶべきもの、すなわち、その歴史や伝統のなかに埋め込まれたその共同体固有の「共有された善き生の構想」があり、個人は自分が属する共同体の共通善を自己のアイデンティティの基盤にしている。

サンデルは、リベラルな反卓越主義が善き生の構想を個人の選択の問題にすることにより、共通善を破壊して、個人を根無し草にし、私的な利益や趣味の追求に没入させ、共通善を配慮する公共的責任感を喪失させたと批判する。そして善に対する正義の優位に代えて、正義に対する善の優位を説き、各共同体特有の共通善に照らして諸個人を倫理的に有徳な存在へと完成させるのが政治権力の任務だとし、これを「共通善の政治」と呼んだ。

私はサンデルのこの議論を自壊的だと批判しています。個人が自己の共同体の共通善を自分のアイデンティティの基盤にしていても、それが具体的にどのような生き方を要請するかは、個人が自己解釈を通じて探究する責任を負うこと、つまり個人は「自己解釈的存在（a self-interpreting being）」であることを彼も認めている。

個人を自己解釈的存在として尊重するなら、共通善の意味をめぐる解釈が分化し多様化するのを政治権力が妨げることはできない。政治共同体が特定の解釈を公定して、異なる解釈をする個人に、公定解釈に従って生きることを権力的に強制するなら、個人は自己の共同体から疎外され、帰属感を喪失する。制裁を恐れて公定解釈に従うのは保身願望にすぎず、個人の有徳性や公共的責任感も逆に損なわれる。「どう生きようと私の勝手」とか、「何でもござれ（Anything goes）」式の放縦な欲望追求が蔓延する現代社会の病理に対処するために、サンデルが、善く生きることは趣味の問題でなく、倫理的自己陶冶への個人の責任の問題であると主張していることは理解でき、共感すらできる。しかし、善く生きることに責任をもつ自己解釈的存在という人間観は、共同体論の「共通善の政治」ではなく、むしろリベラルな反卓越主義を要請します。

今述べたように、善に対する正義の優位というロールズの観念が含意するリベラルな反卓越主義を私は支持しています。

しかし、ロールズはこの観念に反卓越主義とは別の、「義務論（deontology）」の要請も混入させてしまい、議論を混乱させている。このあたりは専門的な議論なので、興味のある人だけ読んでくれればよいですが。

義務論というのは、いくら結果がよくてもやってはいけないことがある、目的はつねに手段を正当化するわけではないという考え方。行為の価値はその内在的性質によってではなく、その帰結として生じる事態の価値で決まるという「帰結主義（consequentialism）」と対立します。義務論と言っても、義務こそすべてという思想ではなく、いくら結果がよくても侵害してはいけない個人の人権があるという思想も義務論の一形態です。

ロールズは功利主義に代わる正義構想として自己の正義論を展開しました。善に対する正義の優位という彼の観念は、功利主義を斥ける根拠にもされている。功利主義は効用最大化という特定の善の観念を正義の基準にしている点で、正義を善に還元し、善に対する正義の優位の原理に反するという。しかしこれは混乱した議論です。功利主義の効用最大化原理は、特定の善き生の構想に依存して、その最大限の実現を要請するものではない。

古典的な快楽説的功利主義ですら、快苦の強度は問題にするが、その内容は無差別で、たとえば、ベンサム〔ジェレミ・ベンサム　一七四八―一八三二　功利主義の創始者として知られるイギリスの学者〕は、詩人が詩作から得る快楽と、庶民が他愛ないゲームから得る快楽とを質的に差別化せず、強度が等しければ等しく社会的幸福計算に参入する。人々の多様な「選好（preference）」の充足度の総計の最大化を求める現代功利主義が、いかなる善き生の構想にもコミットしていないことはもっと明らかです。

功利主義は特定の善の観念に依存しているというよりも、むしろ善の観念の多様性を承認し、多様な善の構想の衝突を最も公正に調整する正義の原理として、効用最大化原理を提唱している。ロールズと同様、善に対する正義の優位を正義構想の適格性条件とすることを功利主義も承認しており、どの正義構想がこの条件をより良く充足するかについて、ロールズと対立しているわけです。

功利主義はいかなる個人のいかなる権利であっても、その侵害ないし制約が社会的効用を最大化する帰結をもつなら、その侵害・制約を正当化する。それは帰結主義の最も徹底した形態です。ロールズは功利主義的効用最大化に義務論的制約を課すものとして自己の

「公正としての正義」を位置づけている。功利主義を義務論的観点から批判するのはいいとしても、それが善を正義に優越させているという主張は的外れです。

私は、善に対する正義の優位というロールズの観念が孕《はら》むこのような混乱を除去するために、善き生の諸構想に対する正義の独立性・制約性という反卓越主義原理を義務論から峻別して、前者のみを、ある政治理論のリベラル性のテストとし、功利主義的リベラリズムの可能性も承認しています。それがリベラリズムの最善の形態だとは考えていませんが。

ここで一区切りし、まとめましょう。私はロールズの最初の主著『正義論』については、格差原理への批判や、善に対する正義の優位の観念の混乱に対する不満はもっていたけれど、その基本的にリベラルな立場には共感していた。

しかし、あとで話すように、一九八六年から八八年にかけて、ハーバード大学で実際にロールズの授業を聞いて、この共感が裏切られたと感じた。「政治的リベラリズム」への彼の転向をまざまざと見たからです。

正義論への準備

――しかし、ロールズの『正義論』が世界的に大きなインパクトをもったのは事実ですね。特に、先進国で左翼主義が退潮しつつあった一九七〇年代から八〇年代にかけて、『正義論』はリベラル派の新たな理論的支柱に見えたし、規範的哲学、つまり「何々すべし」と主張するタイプの哲学の復興にも思えました。

たしかにその影響は非常に大きかったですね。

私に関して言えば、価値相対主義批判をするとき、あえてメタ倫理学の議論から入ったわけです。

規範的倫理学とメタ倫理学との区別にまず触れておきますね。規範的倫理学は、何が正しいかを直接主張する。正義論の場合だと、規範的正義論と言います。

それに対して、メタ倫理学は、価値判断を直接はせずに、価値判断の意味とか、正当化可能性とか、認識論的な条件とかそういうのを、一歩引いたメタレベルで分析する。

前に言った私の助手論文は、メタ倫理学です。その狙いは、価値相対主義を正当化するメタ倫理学的議論を、あらかじめすべて論駁することにあった。規範的正義論などは認識論的にもともと不可能だ、とかいう主張を、まず叩く。それは、規範的正義論をやるための準備作業だったんですね。

で、その準備作業を終えて、じゃあ規範的正義論をやろうかというところで、ロールズの『正義論』が大きな影響力をもち始めていた。私にとってはちょうどいいタイミングで出てきた手がかりでしたから、まずこれを検討しようということになりました。

もう一つ、ロールズの『正義論』がよかったのは、「功利主義」に対抗できたことですね。

経済学などで支配的理論になっていたのは功利主義でした。実証主義的な精神をもった人たちにとって、比較的わかりやすいのが功利主義ですね。プラトン的な善とかじゃなくて、人々の願望とか満足とかをベースにして、その選好の充足を最大化するのがいいんだ、というのはわかりやすい。

しかし、功利主義に対する批判も、ロールズ以前からいっぱいあった。たとえば、少数者にものすごく残酷な犠牲を課すことが、功利主義で正当化されるかもしれない。古代ローマのコロシアムで、当時異端とされていたキリスト教徒の一人をライオンに生きたまま食わせることが、それを見ている何千何万という民衆の満足が大きいから――民衆一人ひとりの満足は小さくてもそれをすべて足すと大きいから――と、正当化されるかもしれない。

そういった、功利主義の反直観的な帰結を叩くというのは、ロールズ以前からいろいろありました。しかし、ロールズは『正義論』で、功利主義のオールタナティブ、功利主義に代わる積極的かつ体系的な正義論を提示した。それがやはりロールズの『正義論』の魅力でした。

正義概念とロールズ

しかし、私の正義論は、彼の正義論とは違います。私はしばしばロールジアンと見なされるんだけど、それは誤解です。前に述べた、ロールズ後期の「政治的リベラリズム」を否定しているというだけではなく、多少共感する部分もあった前期ロールズについても重要な立場の違いがあった。格差原理への批判、善に対する正義の優位の観念の混乱への批判はすでにしました。しかし、違いはそれだけではありません。

いちばん大きいのは、「正義概念」をめぐっての違いです。私は「正義概念」を非常に重視する。しかしロールズは、そうでもないわけです。

「正義概念」とは何か。第一部でも触れましたが、「正義概念」と「正義の諸構想」の区別が重要です。言葉の上では紛らわしいのだけど。

「正義概念」は、英語で言えば、ザ・コンセプト・オブ・ジャスティス（the concept of justice）。「ザ」という定冠詞が入る。

「正義の諸構想」は、コンセプションズ・オブ・ジャスティス（conceptions of justice）。「正義の構想」と言ってもいいのだけど、複数だから、「諸構想」が正確です。

まず「正義の諸構想」とは、今言った「功利主義」とか、それに対抗するロールズの「公正としての正義」とか、さらにそれに対抗するリバタリアン的な権利論とか、平等主義的な権利論とか、さまざまな対立する立場がある——それらが「正義の諸構想」です。

これはもう、いろいろな立場があって、いくら議論しても決着がつかないように見えますが、しかし、対立する「正義の諸構想」のあいだにも、何か共通のものがあるに違いない――それが「正義概念」です。

「正義の諸構想」がものすごく対立しているのは共通の「正義概念」がないからだ、と考えるのではなく、私の立場は、「正義の諸構想」の対立が、本当の対立であるためには、共通の「正義概念」がなければならない、と考える。「正義の諸構想」の対立は、同じ「正義概念」についての異なった基準を提示していることから起こっている、と。

では、その「正義概念」とは何か。「正義」という主題を他から画する概念とは一体何なのか。それは、たとえば「愛」といった他の価値と、どう違うのか。この問題に、私はすごく関心がある。

「正義の諸構想」と「正義概念」の区別は、ロールズもしています。しかし、その区別を最初にしたのはロールズだ、というのは誤解です。そういう誤解が巷間で広まっていますが。この区別を最初に明確化したのは――私の最初の本『共生の作法』（一九八六）にちゃんと書いていますー―カイム・ペレルマンというベルギー人の法哲学者です。

ペレルマンは、第二次世界大戦が終わるか終わらないかのころ（一九四五）に、フランス語で「正義について *De la justice*」という論文を出した。そのなかでこの区別が出てきます。それが英語圏で広まったきっかけは、オックスフォード大学のH・L・A・ハート〔ハーバート・ライオネル・アドルファス・ハート　一九〇七―一九九二　イギリスの法哲学者。『法の概念』など〕が、ペレルマンのこの論文を含むいくつかの論文の英語版を、編集して出したことでした。

ペレルマンの「正義概念」にあたるもともとの用語は、英訳で「ザ・フォーマル・アイディア・オブ・ジャスティス（the formal idea of justice）」です。日本語に訳せば「形式的正義理念」ですね。それをハートが「ザ・コンセプト・オブ・ジャスティス」というふうに使って、それをさらにロールズが引き継いで使った。

そこでロールズは、「正義概念」の理解において、もともとのペレルマンの「形式的」という理解を引きずっているんですね。「正義概念」はしょせん、形式的な制約にすぎない、「同じ類型に属するものについては同じように扱え」というにすぎず、単に、類型化あるいは規則的な扱いを要求しているだけだ、類型化や規則化の仕方自体の正不正の指針を示す実質的な内容がない、と軽視する。

しかし私は、「正義概念」は、形式的にではなく、強い規範的・実質的な制約力を「正義の諸構想」に対してもつ、と考える。人間の倫理のなかには、普遍化できない、差別を許容するような価値もある。そういう普遍化不可能な差別を排除するのが「正義概念」です。この規範的実質、特に反転可能性テストについては前に説明しました。私は初期から一貫して、また歳をとるにつれて、一層「正義概念」を重視するようになっています。

一方、ロールズは、「正義概念」を軽視し、重要なのは、「正義の諸構想」のなかで、どの正義構想がいいかだ、と考える。しかし、異なった正義の構想の比較検討を、恣意的直観に訴えずに、原理的規律をもってやるためにも、「正義概念」をまじめに受け止めなければいけないはずですが、ロールズはそれを徹底しない。

ロールズは、視点の反転可能性テストを自己に課さずに、どこかで適当な自分の直観をもち出してきて、これで「反省的均衡」だとかなんとか言って、ヒョイと独断でことを済ましちゃう。批判されると自分の主張をヌエ的に曖昧化して逃げる。

私に言わせれば、それは彼が「正義概念」をまじめに受け止めていなかったからです。初期からそうでしたが、後期の「政治的リベラリズム」で、曖昧さと独善がますますひどくなります。

共生の作法

——ロールズの「正義論」の邦訳は一九七九年に出ました。私も買って読みましたが、非常に難しかったですね。その後、新訳も出ました。

最初の訳は特にひどかったからね。でも、あれは、原文でも難しい。

リチャード・ヘア〔一九一九—二〇〇二〕というイギリスの哲学者で倫理学者がいた。ユニバーサライゼーション、「普遍化可能性」という考えを突き詰めた人で、私も多くを学んだ。最終的には功利主義を擁護するんだけど。その彼のロールズの本に対する書評がものすごく厳しくてね。読むのがすごく苦痛だった、議論が曖昧で二回読んでも納得できん、みたいなことが書いてあった。

いずれにせよ、私の議論は、「正義概念」に重点を置いている点で、ロールズの正義論とも、他の多くの正義論とも異なります。

私の立場は、しかし、日本の研究者のなかでもあまり理解されていません。「井上は、『正義概念』論ばかりやって、正義構想論をまじめにやらない」「『正義概念』論ばかりやっているから、形式的な議論に終わっている」というタイプの批判をいまだにされる。私に言わせれば誤解なんですが。

——ロールズの話が長くなってしまいましたが、一九八六年に、井上さんのデビュー作である『共生の作法——会話としての正義』が出ます。井上さんと初めて会ったのはその直前だったと思いますが、この本には興奮させられました。世評も高くて、サントリー学芸賞をとりましたね。

まあいちばん一般的な受け止め方は、ロールズの流行で規範的正義論の復権が言われるなか、日本の哲学者からもそういう試みが出てきた、と。

リベラリズムと正義との結びつきに目を向けさせたのはロールズの功績ですが、これまで言ってきたように、ロールズのやり方は中途半端でした。ロールズの正義論のなかにはリベラルが喜びそうなものがたくさん入っているけれど、実は、リベラリズムと正義との関係を積極的に説明していない。私としては、ロールズよりさらに深いところでその結びつきを明らかにしたかった。

もう一つ、私のこの本がある程度注目されたのは、当時の日本の思想状況のなかで、新鮮だったからじゃないかな。当時の思想的対立軸、「保守」対「革新」のなかにおいて、右か左かわからないような。

そもそも、前にも言ったように、日本の思想界で、リベラリズムがまともな位置を占めたことがなかったですからね。リベラリズムはしばしば価値相対主義と混同されるんだけど、その価値相対主義とははっきり違う、一つの正義論としてのリベラルな見方を提示するというのは、あまりなかったはずです。

当時の「革新」派というと、そろそろマルクス主義からは離れていたとしても、リベラリズムといえば、自由主義経済すなわち資本主義の護教論だ、という理解がまだ多かったでしょう。一方の「保守」派には、ごちごちのナショナリズム、排外主義的なナショナリズムの人がいる、と。

しかし、その両方が食い足りない、という人たちがやっぱりいたわけですよ。そういう人たちには、左翼ではなく、ナショナリズムでもなく、ある種の普遍性をもって、大衆民主主義をも批判するような言説は、珍しかったんじゃないか。

私は、初期においては、リベラリズムがもつ大衆民主主義批判——要するに、多数の専制の危険とか、凡庸な大衆の平準化要求が異端の個性を滅ぼす、みたいな側面を強調していました。そのせいか、西部邁氏とか、山崎正和氏とか、当時のいわゆる保守的リベラルみたいな人たちが評価してくれているというのが耳に入ってきた。

その一方では、思想史のプロと称する人たちからは、井上は保守とリベラルの区別を知らない、と叱られた。藤原保信先生とかに。『共生の作法』で、マイケル・オークショットをリベラルだと私が評価したのに対して、「オークショットは保守に決まっている」と。

私が言うリベラルというのは、アメリカのニューディール的な政策を支持するとかの話ではなく、もっと根本的な政治社会のイメージでの評価です。オークショットは人間の社会的結合様式として二つのモデル、「統一体（universitas）」と「社交体（societas）」を提示しました。そして彼は、後者を自分の政治哲学的立場を表すものとした。たしかに彼の「社交体」の理念にリベラリズムの真髄がある、と私は書いた。それはロールズの「善に対する正義の優位」という思想とも非常に重なっています。

今では、リベラルとしてのオークショットという理解は、英米の思想界でごく普通です。まあ、そういうふうに、この本は、それまでの日本での保守とかリベラルとかの通念を、少しは変えたかもしれません。

ハーバードと昭和の終わり

――『共生の作法』を出したあと、井上さんはアメリカのハーバード大学に留学する。そこで、ロールズらと直接会うわけですね。

一九八六年から二年いました。当時はハーバード大学の黄金時代でね。哲学科にロールズと、リバタリアンとして有名なロバート・ノージック〔一九三八―二〇〇二　アメリカの哲学者。『アナーキー・国家・ユートピア』など〕がいて、政治学のほうにすでに触れたサンデルがいた。アマルティア・センもオックスフォードからハーバードに移ってきていた。

ハーバード大学にいるあいだ、私はロールズの授業にずっと出ていました。その時点で彼は、すでに初期の立場を捨てて、後期のいわゆる「政治的リベラリズム」の立場に変わっていました。そこでますます私のロールズに対する不満が高まっていくわけです。

――ロールズの話ばかりになってしまうので、「政治的リベラリズム」への批判はまた後で聞くとして、帰国してからのことに話を進めましょう。

日本に帰国すると、ちょうど昭和天皇が亡くなる前後の自粛現象でした。亡くなったあとも、昭和天皇の戦争責任に触れた長崎市長が銃撃されたり、私の好きな落語家だった桂小金治が、テレビで「天皇を悪くいうやつは日本から出ていってほしい」と言ったり。あれは本当に怖かったね。同質社会的な同調圧力が渦巻いていた。

――もう平成生まれの子供たちが大学に来ている。あの空気を伝えるのは難しいでしょうね。

難しいね。私も、あんなになるとは思っていなかった。どこかで、日本は十分にリベラル化していると思い込んでいたんですね。

私は初期において、大衆民主主義を批判するスタンスの、保守的リベラルでした。しかし、大衆民主主義の怖さが本当にわかったのは、このときでした。

当時の日本の保守派は、西部邁氏のように大衆民主主義の暴走をおさえるのが「伝統」だ、と言っていた。その「伝統」のなかには天皇制も含まれる。しかし、事態はまったく逆であって、大衆民主主義の暴走に伝統的なものが飲み込まれていく、というか、むしろ「伝統」がそれに加勢していた。

保守派が言う「伝統」も含めて、戦後日本のなかに、リベラリズムの足場になるようなものが実はなかった。その怖さを実感しました。ショックでした。

そして、何のために私はリベラリズムを研究しているのか、と自問しました。実際、アメリカでも、日本人のあなたが、なぜリベラリズムを研究するのか、と聞かれることはよくあった。

この日本の状況、日本の現実を、批判的に分析する思想的な武器になれなければ、リベラリズムなんて意味がないと思いました。それから私は、理論的な問題の探究とともに、日本の現実をリベラリズムの立場から批判する仕事を始めます。

最初が『季刊アステイオン』という雑誌（一九八九年夏号）に載った、「言論、戦争、そして責任」という論文（のちに「戦争責任の問題」と改題して『普遍の再生』に収録）。

――それを見て、私は井上さんに本をつくらないかと提案に行きました。

そうでしたね。それで出来たのが、名和田是彦《よしひこ》さん、桂木隆夫さんとの共著『共生への冒険』（一九九二　毎日新聞社）ですね。

そのなかで私は、「天皇制を問う視角――民主主義の限界とリベラリズム」という論文を書いた。昭和末期の自粛現象を体験したのがきっかけですが、私がやりたかったのは、天皇制論というより、天皇制批判を通じた、日本の戦後民主主義批判です。

そういえば、余談だけど、あの論文の「お小遣い論争」の部分は、今では学校の教科書に載っているんだよね。

――遠足にもっていくお小遣いをめぐって、小学六年生たちが教室で議論する架空の話ですね。お小遣いの額を先生が決めようとしたのに対し、生徒たちが自分たちで話し合って、民主的に決めたいといって、いくらがいいか議論しているときに、ある生徒が「お小遣いの額をみんな同じに決めることが、そもそもおかしいじゃないか」と問い、「みんなのために同じ額にしたほうがいい」という他の生徒たちと論争になる。

リベラリズムと民主主義との緊張関係を、うまく表現できたかなと思う。高校の現代文の教科書に、太宰治とかとならんで載っているから、ある意味、古典になっている（笑）。

この論文は、のちに私の単著の『現代の貧困――リベラリズムの日本社会論』（二〇〇一、岩波現代文庫版二〇一一、副題は後者のみ）に再録しました。『現代の貧困』と、そのあとに、グローバルな問題まで関心を広げて書いた『普遍の再生』（二〇〇三、新版二〇一四）。この岩波書店から出した二冊が、私が現実と格闘して書いた本、思想業界だけでなく一般の人に語りかけるつもりで書いた本ということになります。

最初の『現代の貧困』という本は、戦後日本社会を、三つの問題で捉えています。一つは天皇制の問題。次が「日本的経営」論はなやかなりしころの会社主義の問題。もう一つが、五五年体制に象徴される、日本の政治の自己変革力の貧困の問題。

これはだいたい一九九〇年代に書いた論文を集めた本です。それぞれのテーマの結論に不満な人はいるでしょうけど、私としては、日本社会の現実と向き合って、リベラリズムの理念を発展させ、「受肉」させようとしました。「ロールズ紹介業」みたいな仕事はしたくなかった。あの時代にあぁいう仕事をしたことを、私は誇りにしています。そして、二〇一一年に出した岩波現代文庫版のための「あとがき」で書いたとおり、この日本の三つの問題は今も基本的に変わっていない。

天皇制の話は第一部でしたから、ここではあとの二つに簡単に触れておきます。

「会社」の二重構造

会社主義の問題というのは、過労死などを生み出す従業員共同体の問題、個人を抑圧する日本的共同体の批判だったのですが、この問題意識はもう古いともいわれますね。

それは、日本経済の古きよき時代の問題意識だ、と。一九九〇年代以降の不況期になってみると、それ以前の会社主義は、たとえ過労死や個人が抑圧される問題はあっても、雇用が保障されているだけよかったじゃないか、と。

しかし、会社主義的な雇用保障というのは、九〇年代以前でも、二重構造でした。基幹労働力、つまり正社員には長期雇用保障を与えながら、縁辺労働力であるパートや外国人、派遣の人など非正社員にその保障は及ばない。この二重構造は、会社システムそのもののなかに組み込まれているんですね。

そして、日本では、基幹労働力の雇用を守るためのバッファーが、大きく二つある。アングロサクソン的資本主義、特に米国では景気のいいとき、社員を大量に雇う代わりに、景気が悪くなると大量にレイオフ、解雇する。日本では正社員は景気が悪くなっても簡単に解雇できないから、景気がいいときでもあまりふやさない。そうではなく、正社員の残業時間をサービス残業をも含めてふやして調整する。これが第一のバッファー。それで過労死などの問題が出る。

もう一つのバッファーは、景気が悪くなると、日本では正社員を切らないかわり、非正規社員を切る。不況が続いて、この非正規社員、二重構造のなかの縁辺労働力が分厚くなり、その流動性に頼っているのが現状で、さらに、正社員のサービス残業も減るどころかふえている現実がある。

日本的会社主義の雇用安定が美点に見えたのは、好況期にこの二重構造がよく見えなかったからです。正社員が過労死や過労自殺に追い込まれ、非正規社員が使い捨て要員として搾取される。この構造的な病理が明らかになっている今、日本的会社主義は相変わらず克服すべき問題です。

日本政治の変容

しかし、三つのテーマのなかで、もっとも重要なのが、五五年体制に象徴される戦後日本政治の問題。自民党一党政権と、談合政治。

『現代の貧困』の初版が二〇〇一年に出る前、一九九〇年代に、連立政権による政権交代が一度起こっていました〔一九九三～一九九四の細川内閣、羽田内閣〕。だがあの段階では、五五年体制は基本的に続いていて、自民党一党政権のもとでやっていたコンセンサス型の談合政治を、目に見える形でやっていただけでした。

でも、小泉首相になってから、たしかに変わってきます。郵政族とかの族議員を自民党から追い出そうとした。自民党対自民党の戦いですね。かつての族議員は、インフォーマルな与党審査とか事前審査で、陰の権力をふるっていました。小泉郵政改革は、その陰の権力者、真のパワーブローカーたちを国民の目の前に引きずり出したから、国民に受けた。

これは、これまで右から左まで、ものすごく幅広いイデオロギーを包含していた自民党を、ある種、イデオロギー的に純化する動きです。同時に、党執行部の力が強まって、単なる派閥連合ではない、自民党をがっちり組織統合しようとする動きが生まれる。

小泉政権の政策の評価は別として、談合政治の打破として、これは評価すべきところがある流れでした。

五五年体制の克服とは、結局、政策にもとづいて組織統合された近代的な政党同士が、政策をめぐって争うようになることです。

しかし、二〇〇九年に民主党による政権交代が起こったわけですが、結果的には国民を失望させたと言わざるを得ない。民主党に組織的統合力がなく、政策的にもばらばらの寄り合い所帯だったことが大きい。そういう政党では、いくら政権交代してもダメなわけで。

そして今、また自民党の「ほとんど一党政権」――公明党の存在感なし――に逆戻りです。自民党が昔のままだとは言わない。でも、有権者には、「結局、日本の政治は変わらない」というシニカルな諦観が生まれつつある。どうすればいいのか。政権交代を繰り返すしかない。無理だと悲観するのは早い。安倍政権も増長していると「高転び」する。

そして、政権交代を繰り返すことで、野党の政策的組織統合力も徐々に高まっていく。その政策的組織的統合力が国民に評価されないと政権を取れないから、その競争圧力で政党の統合力が高まっていくだろう。

ポストモダンと正義論

――話が進みすぎてしまいました。もう少し、『共生の作法』が出たあと、二〇世紀最後のあたりのことで話を聞きたいです。ロールズの『正義論』は、その解説本も含めた「ロールズ産業」と呼ばれる哲学業界の隆盛を引き起こしました。でも、その普及は中途半端で、流行は長続きしなかった。二一世紀になって「サンデル・ブーム」が起こったのは驚きでしたが、一九九〇年代ごろに話を戻せば、実際の歴史のほうが思想より先に激動した印象です。

でも、正義論の再興は、表層の流行現象を超えて、思想の世界に大きなインパクトをもったのは事実ですよ。

ポストモダン思想はなやかなりしころのスターだったジャック・デリダ〔一九三〇―二〇〇四 フランスの哲学者。『グラマトロジーについて』など〕が、一九八九年に、アメリカのカルドーゾ・ロースクールというところに呼ばれて講演をしています。そのタイトルは「法の力」でした。彼のフランス語の講演と英語対訳が『カルドーゾ・ロー・レビュー』に載って、私はそれを読みました。邦訳は法政大学出版から出ているはずです〔『法の力』一九九九、新装版二〇一一〕。

そこでデリダ自身、やっぱり正義の重要性を認めています。実定法は脱構築できる、脱構築していかなければならない、とデリダは言う。しかし、正義は脱構築不可能だ、と言った。実定法をたえず批判的に脱構築していくための、その価値の基盤として、正義というものが志向性としてないと、脱構築という作業そのものが進まない、と。

日本でいえば、高橋哲哉さんなんかも、ポストモダンをいいながら、人権とかをすごくまじめに受け止める。要するに規範的正義論に立脚したような議論をすごくするわけよ。

彼も、ポストモダン・イコール「無差別脱構築」ではない、正義を含む価値まで脱構築すべきだというのは誤解だ、という立場だろうと私は思いますね。勝手な思い入れかもしれないけれど。

いずれにせよ、デリダが正義は脱構築不能だと言ったのはいいのですが、では、正義とは何かについて、何かポジティブなことを自分で言ったかというと、あまり言っていない。でも、批判という営為を持続させるためには、ただの価値相対主義じゃダメで、現実の支配的実践を批判する根拠としての正義の理念のようなものが必要だ、とデリダも実は意識していた。

それは、前に言った、ポパーの可謬主義なんだよね。すべての信念、どんな権威的な人だって、みんなアホやと。誤り得る存在だ、と。それを自覚するためにこそ、人々の信念を超えた何か客観的なものとして、真理とか正義を想定しないといけない。だれもそれについて確実に捉えたということは言えないけれど、それがあるということを想定していないと、批判という営為そのものが続かない。

しかし、デリダがポパーと結び付けられることはないですね。ポパーの可謬主義というと、英語圏においても、まじめに受け止められてない。少なくともプロフェッショナルな哲学者のあいだでは。

それはなぜかというと、クワイン〔ウィラード・ヴァン・オーマン・クワイン　一九〇八―二〇〇〇　二〇世紀アメリカを代表する哲学者、論理学者〕の影響が強くてね。

私がハーバード大学に行ったころ、クワイン、もう名誉教授だったけれども、しょっちゅう哲学科に顔を出して、まだいろいろやっていた。

アメリカの哲学者にとっては分析哲学の最大のスターはクワインでした。クワインはプラグマティズムでね。みな、そのクワインに惹かれちゃったものだから。クワインの議論は、ものすごく精緻な論理的分析で、プロフェッショナルなんです。ポパーの議論は、それに比べると、粗削りに思えるんでしょう。

だから、世の中、みな、ポパーにはぜんぜん言及しないんだけど、ポストモダンも含めて。でも、私は最近の欧米の哲学界の動向を見ていて、最良の部分は可謬主義の方向にいっているなと感じています。だれしもそういう言葉で語りたがらないけどね。

「歴史の終わり」

ところで、さっきあなたがおっしゃった「歴史が先に動いた」というのはどういうことと?

――ベルリンの壁の崩壊(一九八九)と、ソ連の崩壊(一九九一)、冷戦の終了。日本ではそれがたまたま昭和から平成への改元の時期と重なりました。日本や欧米先進国で、マルクス主義を含む左翼思想の権威が失墜し、インターナショナリズムに代わってナショナリズムが、左翼思想に代わって保守思想が台頭していきます。

それはたしかに大きな流れですね。でも、そこで付言したいことが二つある。

一つは、ベルリンの壁が崩壊したあとの、リベラルデモクラシー勝利論ね。フランシス・フクヤマ〔一九五二―　アメリカの政治学者〕の『歴史の終わり』（一九九二）が代表です。人類の思想闘争の歴史において、リベラリズムが最終勝利者になった、と。正統派思想の二つの極の一つ、マルクシズムが自壊したから、もう一つのリベラリズムが唯一の正統思想になる、と。しかし、あれは、リベラルな正義論を推進したというより、かえってリベラリズムが何であるか、わからなくした。

ではそこで、何がリベラリズムの核心なのか、リベラリズムの何が守られるべきかということになると、フクヤマは納得できることを言っていない。彼のリベラルデモクラシーはものすごく薄い概念で、コミュニタリアン的なものが入ったり、混乱している。いちばん笑ったのは、リベラルデモクラシーの国とそうでない国の色分けがあって、リー・クアンユーの支配するシンガポール、公衆便所のなかにも監視カメラが入ったりするあの統制的な都市国家が、リベラルデモクラシーの国のリストのなかに入っていたりする。

あの冷戦終了後の、リベラリズムのトライアンファリズム（勝利主義）というのは、本当に皮相な言説でした。

さらに、リベラリズムが唯一の正統思想になると、世の中の矛盾はすべてリベラリズムのせいになる。それでリベラル叩きがかえってひどくなったことがある。

分析的マルクス主義

この時期の正義論をめぐる動きで、もう一つ、むしろもっと注目すべきことがあった。左翼思想が動揺するなかで、正義への関心が、マルクシズムのなかから生まれてきたことです。

それはベルリンの壁が崩壊する直前、八七年だったと思いますが、私がハーバード大学にいたときに、オックスフォード大学のジェラルド・コーエン〔ジェラルド・アレン・コーエン　一九四一―二〇〇九　カナダ生まれの哲学者、倫理学者。『あなたが平等主義者なら、どうしてそんなにお金持ちなのですか』など〕――ジェリー・コーエンとも呼ばれていたけど――が、ハーバード大学に来て講演しました。その内容に、私は大きな衝撃を受けました。

コーエンは、マルクス主義者です。「分析的マルクス主義」という一派で、代表選手は、哲学のコーエン、政治学のヤン・エルスター〔一九四〇―　ノルウェーの政治学者。『合理性を圧倒する感情』など〕、経済学のジョン・ローマー〔一九四五―　アメリカの経済学者。『これからの社会主義』など〕といった人たち。今では彼らの邦訳はよく出ています。なかでも、コーエンは中心人物でした。

コーエンのハーバード大での講演テーマは、「なぜ、マルクシストは、ロールズよりノージックをまじめに受け止めなければいけないか」というものでした。

ロールズは、マルクス主義者から見れば、しょせん修正資本主義者だが、格差原理に見られるように、社会経済的弱者への配慮はある。

しかし、ノージックといえば、社会保障はいらない、福祉国家反対、小さな国家、夜警国家がいい、という考えなのだから、そのノージックにくらべれば、ロールズのほうがまだまし、となりそうじゃないですか。

でも、そうではない。マルクス主義者が、「ロールズより、ノージックが重要だ」と言う。なぜか。

マルクス主義の正義論

そもそもマルクス主義者は、「おれたちは空想的社会主義じゃない、科学だ」と言って、規範的議論をバカにしてきた。規範的議論は、イデオロギー的上部構造のあだ花だ、と。重要なのは、歴史の客観的な発展法則――下部構造が上部構造を規定しているから、その下部構造の発展法則を描くことだ、と言っていた。

しかし、正義論のような規範的議論をそのようにバカにして、実際にはマルクス主義は、素朴な価値前提にひたっていた。それが、「剰余価値搾取理論」。

マルクシストにとって、搾取という概念は、道徳的概念ではない。それも資本主義経済のメカニズムを記述する「科学的」な概念だ、というのが建前。

前提になっているのは労働価値説。商品の価値はその生産に必要な社会的に平均的な労働時間の量で測られる。ところで労働者が売れる商品は自分の労働力。労働力という商品の価値は労働力を再生産するための、つまり労働者がメシを食って働き、次世代労働力となる自分の子を育てるために必要な産物を生産するのに要する社会的平均化された労働時間。資本家が、当の労働力商品を消費することで生じる産物の価値は、たとえば一日一〇時間労働だと、一〇時間分。労働者が労働力を再生産するのに必要な産物の価値は二時間分でいいとすると、残りの八時間分は、その労働力商品を買った資本家に帰属する、と。

この現象を、ただ記述する概念として「搾取」という概念を使っているだけだ、とマルクス主義者は言っていたんだけど、経済現象の説明としては、その基底にある労働価値説がめちゃくちゃだから、ぜんぜん説得力がない。経済現象の記述説明理論として、まったくなっていないわけ。

にもかかわらず、マルクス主義は、あれだけ多くの一流知識人を含めた人たちに影響力をもった。なぜかというと、「搾取」概念に道徳的含意《がんい》があるからですね。

それは何かというと、「資本家は不労所得をむさぼっておる」と。「本来、労働者が自分たちの労働の産物を所有すべきなのに、あいつらが勝手に簒奪《さんだつ》している」と。そういう直観に訴えている。

しかし、人々の直観に訴えるその部分をとらえれば、それはマルクスのオリジナルというわけではない。それは「労働所有論」というやつで、もとをただせばジョン・ロック〔一六三二―一七〇四　認識論や政治論で近代に多大な影響を与えたイギリスの哲学者〕です。ロックの「自己所有論」。

ロックがどう言っているかというと――自分は自分のものだ。自分の身体・自分の能力は自分のものだ。自分の労働というのは、自分の身体と能力を行使するものだから自分のものだ。自分のものである労働を無主物（所有者がいないもの）に投下したら、そのものも自分のものになる。自己所有が対象所有に転化する――このように、マルクスの搾取概念が孕む労働所有論は、実はロックから来ている、と。

それによればあるものを自分が労働投下して最初に原始取得したら、あとは詐欺や脅迫によらずに、自由な意思で、それをだれかに譲渡すれば、その譲渡された人がそれの新しい所有者になる。このプロセスだけを通じて、才覚ある者や先を読む者は多くの富を得るだろうし、そうでない者はそれほど得られない。その結果、いかに格差が生じようと、それを是正することは許されない。それを再分配などで変えることが、かえって人々の道徳や権利を侵害する、と。

この考え方を現代で継承しているのが、ノージックだ。福祉国家的な再分配はダメだ、小さな政府、夜警国家でいい、と。

そうすると、マルクス主義者は、ノージックの結論を引き受けざるを得ないではないか、というのが、コーエンの議論です。しかし、それでは困るだろう、とコーエンは続ける。

なんでこうなるのか。マルクス主義者が、自分たちのコミットすべき正義論、資本主義社会を批判し、それに代わるべき社会の構想の規範的基礎になるような正義の理論を、まじめに考えてこなかったからだ、と。だから、マルクス主義が負の遺産を捨てて、ポジティブな遺産を再構成しようとするなら、マルクス主義の正義論を、労働所有論に回収されるような形ではなく、それを批判的に乗り超えるような正義論を構築しなければいけない――そういう問題提起をしたわけですね。

冷戦後の思想

そういう問題意識は、それ以前から、八〇年代に入ってから、いろいろ出てきていました。コーエンだけでなく、たとえばさきほど名を挙げたエルスターやローマーなど。

皮肉なのは――八〇年代において、東側の共産圏では、もうエリートたちは本音ではマルクス主義に絶望していた。いろんな修正を試みたけど、ダメだった、と。ところが、西側の知識人のあいだで、この「分析的マルクス主義」のような、マルクス主義の正の遺産を救い出そうという動きがあったんですね。

経済学者のローマーも、マルクス主義のなかの、アホな経済学の部分を切り捨てて、近代経済学の理論的資源をそのまま継承しながら、その正の遺産をあらためて組み立てなおすような仕事をします。

そういう学問横断的な動きのなかで、ロールズや他の人の「正義論」は、たえず意識されていたと言えます。分析的マルクス主義についていえば、ロールズの規範的正義論と対抗しつつ、ノージック的なものとも異なる正義論をやろうとしていた。

アレン・ブキャナン〔一九四八— アメリカの哲学者、倫理学者〕なんかもそうですね。私が『世界正義論』でよく言及しています。「公共選択論」で有名なジェームズ・ブキャナンではなく、アレン・ブキャナンね。

彼も八〇年代半ばに「マルクスと正義 *Marx and Justice*（一九八四　未訳）」という本を出している。もともとやっぱりマルクシズムから出発しています。彼は世界正義論、グローバルジャスティスのほうに向かうわけだけど、きっかけは、冷戦構造崩壊後の、ユーゴで起こったことです。

ユーゴスラビアで、今まで同じチトー的社会主義を奉じていた人々が、とたんに民族的憎悪をむき出しにして争い合う。あんなことが起こるとは、ブキャナンにはショックだったんですね。

ブキャナンはユーゴの問題から、分離・独立要求がどういう場合に正当化されて、どういう場合に正当化されないか、国際法の道徳的基礎を哲学的に明らかにして答えようとする。そこから、グローバルジャスティスを体系的に考察しなければならない、というほうに問題意識が向かいます。

つまり、言いたかったのは、冷戦が終了した八〇年代、九〇年代の状況は、あなたがさっきおっしゃったほど単純ではない。西側が勝って、マルクス主義が消滅したわけではないし、リベラリズム批判が消えたわけではない。正義論が忘れられたわけでもない。むしろ西側で、冷戦が終わる前から、また、冷戦が終わったあとも、リベラルな正義論のオールタナティブを求める動きが活発化していました。

他者への自由

――なるほど、ありがとうございました。ところで井上さんの理論的な本としては、一九八六年の『共生の作法』のあとが、『他者への自由　公共性の哲学としてのリベラリズム』（一九九九）になります。

『共生の作法』で論じつくせなかったことを、『他者への自由』であつかいました。

自分の他者に対する要求や行動が、自分の視点のみならず、他者の視点からも拒絶できないような理由によって正当化できるか、それを批判的にテストせよ、自己吟味せよ、と。この視点の反転可能性の重要性を『他者への自由』あたりから強調しています。

それによって何が言いたいかというと、正義というのは、自分の独断や自分の利益を合理化するイデオロギーではなく、ある意味で、自分を批判するとか、自分の首をも絞める理念なんだということ。その正義が、リベラリズムの基底にある。

――リベラリズムを「自由主義」と訳すのは誤りだ、という論文（「自由の逆説――リベラリズムの再定位」）も、この『他者への自由』に収録されています。

法という企て

――そのあと、二〇〇三年に出たのが『法という企て』という本。法哲学で初めて和辻哲郎文化賞をとりましたが、少し専門的な内容ですね。

これはちょっと、一般の人にはわかりにくい本かもしれないね。法哲学でいう法概念論の話です。

法哲学というのは、法とは何かを考えるわけだけど、大きく二つに分かれる。法概念論と、正義論です。

法とは何であるか、というのが法概念論。

それに対して、法とは何であるべきか、というのが、法価値論とも言われるけど、法価値のなかでいちばん重要なのは正義だから、正義論と言われる。

この二つをどう関係づけるかをめぐって、法哲学の歴史に大きな対立があります。俗に言う、「法実証主義」対「自然法論」の対立です。

まあ、それぞれにいろんな考え方があるけれど、あえてわかりやすく単純化すると、「自然法論」は、法概念論を正義論に還元する。つまり、あるべき法が法であって、不法な法はあり得ない。

それに対して「法実証主義」は、逆に法概念論と正義論を切断する。正義なんてものを一切問題にすることなしに、法が何であるかを理解できる、と。

私に言わせれば、その両方が間違っていて、第三の道を行く。

「自然法論」は間違っている。不正な法はあり得ない、というその考え方にしたがえば、自分の正義観にかなっていない法は無視していいことになる。それではアナーキーにしかならない。正義をめぐっても価値対立があって、そのなかでしか公共の秩序としての法はあり得ないということを、自然法論はまじめに受け止めていない。

一方、正義とは何かをまったく理解せずに、法とは何であるか理解できるという「法実証主義」も間違っている。その場合は、結局、人々の規則的な行動のパターンだとか、あるいは現実におこなわれる権力闘争とか、それを記述することで終わってしまう。

私の立場は第三の立場で、「正義への企てとしての法」と呼んでいます。「自然法論」の言うような、不正な法は法であり得ない、というのは間違っている。不正な法も法であり得るけど、およそ正義を志向していないような、正義を企ててさえいないような法は、法ではない、と。

じゃあ、正義を志向しています、と言えば、何でも法になるのか。もちろんそうじゃなくて、それが真摯であると言える条件がある。それは何か。

法の正義要求

りますね。

「強盗の脅迫と、法は、どこが違うのか」という問いが、法哲学の導入的な問いとしてあ

同じである、というのが、主権者命令説です。強盗が「金を出せ。出さないと撃つぞ」というのと、国家が「税金を払え。払わないと刑務所にぶちこむぞ」というのと、どこが違うのか。違わないではないか、と。違うとすれば、国家というのは、その領域内最大・最強の暴力団だ、と。山口組やオウム真理教より強い、それだけの違いだ、と。これが、簡単に言えば、主権者命令説。

だけど、この主権者命令説に立つとしても、なんで自分の価値観と違う「法」を尊重しなければならないか、わからない。他方また、自然法論に立っても、強盗の脅迫は不正だから法じゃない、法は正義だ、だから自分が不正だと思うような法は無視してよいということになる。

私は法と強盗の脅迫の区別は「正義要求」の有無にあると考えます。要するに、法は、単に何々せよという命令や、何々するなという禁止をしているだけではない。正義への企てとしての法は、自らの指図が正義にかなった理由によって正当化されているという主張、クレームを伴っている。

正義を企てる法は、「法の指図は正義にかなった理由でジャスティファイできている」ということの承認を、服従する人たちに求めている。これが正義要求。強盗の脅迫は、単

に金を出せと要求しているだけで、それが正義に合致していることを承認しろなどと要求したりしない。しかし、法には、正義要求が内包されている。悪法ですら、自らが悪法だと認めたりはせず、正義要求をもっている。しかし法が正義適合性の承認を人々に求める以上は、服従する人たちが、その法の正義適合性を争う権利が、最低限保障されていなければならない。

これを、「正義審査への原権利」と、私は今、呼んでいます。これにはいろいろな保障のレベルがある。

英米法でいう自然的正義では、だれかに不利益処分を課す場合、不利益を受ける人に、最低限、理由説明を受け、不服申し立てをする機会を保障しなさい、と。これは最小限の「正義審査への原権利」。もうちょっと進んで、いや、裁判を受ける権利を保障しなさい、と。それも二審、三審裁判。さらには再審制とか。あるいは行政権力による行政処分に対しても、行政事件訴訟法とかで裁判で争える、とか。

さらに議会の立法の正義適合性を争うための民主政。次の選挙で政権を交代させ法を改正させられるようにする。

民主主義立法に対しても、成文憲法で基本的人権を定めている場合、いかにそれが民主的立法だろうが、憲法の基本権を侵害すれば裁判所が違憲無効と判決して、少数者を救ってくれ、と求めることができる。この違憲審査制は正義審査への原権利の、民主政と並ぶ保障手段。さらに、裁判所もダメだと言ったときは、最後に市民的不服従とか良心的拒否をする者に対して、それが暴力革命でない限りは、人道的処遇をする、とか。

最後まで全部やれば、いちばん手厚く保護しているんだけど、そこまでいかなくても、不利益処分を受ける者に対して、最低限、不服申し立ての機会を提供する。それすらやっていないものは、正義を真摯に企てているとは言えない。

悪法問題

なんでこんな、「正義への企てとしての法」という法の概念を提唱するのか。おれはそういう法概念が好きだから、とかいうわけではないんです。

それは、法哲学の伝統的な問題――単純な正義論には還元されない伝統的な問題である「悪法問題」に答えるためです。つまり、悪法も法か、という問い。

二〇世紀でいちばん支配的影響力をもった法実証主義者たち――ケルゼン〔ハンス・ケルゼン　一八八一―一九七三　オーストリア出身の法学者。『純粋法学』など〕とかハートですが――は、この問いを、瑣末《さまつ》化してしまった。

法実証主義者は、悪法も法かと問われれば、悪法も法だと答える。その意味は何かというと、法の認識と法の評価は違う、と、それだけのことなんですね。あるものを法であると認識することは、その法がいいか悪いか、正しいか不正かというような評価とは別だ、と。まして、その法にしたがうべきかどうかという問題とも別だ、と。

「悪法問題」は、本当はそんな単純な問題ではなかった。そういう認識論的な問題じゃなくて、もっと実践的な問題だったんです。

この問題は、よく知られるように、ソクラテスに始まります。「ソクラテスの弁明」と「クリトン」というプラトン初期の二つの対話編で描かれる。この二編は一緒に読まなければいけない。

「ソクラテスの弁明」で、ソクラテスは民衆裁判にかけられる。ソクラテスはアテナイの青年を啓蒙しようとして、伝統的な信仰から離脱させた、と。

それで死刑を求刑されたのに対して、ソクラテスは徹底的に、この裁判は間違っている、と言う。そこで、おまえが自分の罪を認めたら罪一等減じて死刑は許してやるからと司法取引をもちかけられるんだけど、いや、私にふさわしいのは、アテナイの功績ある者に与えられる公会堂での食事に招待されることだ、とか言って、結局、死刑判決を受ける。

その次の「クリトン」、これが悪法問題ですね。

明日、いよいよソクラテスが「ヘムロック」をあおがなければならない、という夜——ヘムロックというのはドクニンジン、つまり毒杯です。毒杯をあおぐというのは、自殺ではなくて、武士の切腹に似た、名誉ある処刑法です。ソクラテスはアテナイの自由民、自由民というのは貴族ですから。

その処刑前夜に、ソクラテスの友人、クリトンが、逃亡の手はずを全部ととのえて、ソクラテスに「逃げてくれ」と言う。しかし、ソクラテスは、逃げてはいけない、と。なぜ逃げてはいけないかということを、ソクラテスがクリトンに、アテナイの法を擬人化して、法をして語らしめる、というのが「クリトン」ですね。

クリトンは言う。あれほどあなたは、あの判決はおかしい、間違っている、と言ったではないか。それなのに、なぜしたがうのか、と。そこでソクラテスが言う。「悪法も法である」と。

これは、法実証主義者の言う、法の認識と評価は違うとか、そういう話ではないんです。悪法だけど、法として尊重すべきだ、とソクラテスは言うわけです。この法は道徳的に間違っていると言っておきながら、それを尊重する——これはパラドックスですよね。

この問題が、実は法概念論のいちばんの課題なんです。不法な法も法であり得るけど、なお、悪法も法として尊重すべき、そんな根拠ってあるのか。あるとすればそれは何か。この問題の解明を的確にやれているかどうかで、いろんな法概念論の立場というのは比較・査定できると私は考えています。

集合的決定

「正義への企てとしての法」は、まさにこの悪法問題への私なりのアプローチです。

悪法問題はなぜ起こるのか。

「正義の善に対する優位」というロールズの主張には前に触れましたね。私なりに言い換えれば、「善き生の構想」は多元的に分裂しているから、正義の原理は、特定の「善き生の構想」から独立でなければいけない。

そういうロールズに対する批判として、「おまえのリベラルな多元社会の多元性に関する見方は皮相的だ」という人もいるんです。ジェレミー・ウォルドロン〔一九五三― ニュージーランド生まれ。『立法の復権』など〕という今はニューヨーク大学とオックスフォード大学の両方で教えている法哲学者が言っているんだけど。

つまり、リベラルな社会では、「善き生の構想」だけでなく、「正義の構想」自体が多元的に分裂している。しかも、もっと深刻だ、と。

英語の決まり文句で、Let's agree to disagree というのがあるでしょう。「合意しないままにしておくことに合意しよう」みたいな。話がまとまらなかったときに使う。「善き生の構想」の場合は、それでいいわけです。集合的な決定をしなくていい。

集合的決定というのは、反対者も一律に拘束する決定です。何が善く生きることかについては、集合的決定をせずに、自己決定でいいじゃないか、と。君はカトリックが嫌いだね、じゃあモスレム（イスラム教徒）として生きなさい、あるいはプロテスタントとして生きなさい、無神論者として生きなさい、と。あるいは、宗教と関係なく、私は冒険的な人生を選びたい、いや私は石橋を叩いて渡りたい、とか。それぞれでいいじゃんか、と。

前に言った「お小遣い論争」と同じですね。お小遣いの額を一律に決めなくてもいいじゃないか、と。たしかに、それでもいいわけですよ。

ところが、「正義の構想」の争いは、その対立がいくら議論しても解消できない。むしろ、議論すればするほど深まっていくかもしれない。にもかかわらず、「レッツ・アグリー・トゥ・ディスアグリー」で済ませられないんですね。

なぜかといえば、分配的正義の構想は、税制にかかわってくる。君は消費税中心主義で生きなさい、私は所得税中心で累進税率を上げる方向で生きていきます、さあ棲み分けましょう――それはできないわけね。国をいくつか特区に分けても、その特区のなかでも異論があるわけだから。

正義の構想をめぐる争いについては、どこかで――争いがあるにもかかわらずではなくて、争いがあるからこそ――反対者も拘束する、集合的決定、つまりは政治的決定を、せざるを得ない。

その政治的決定と、その産物である法を、めいめいが、自分の正義の構想に合致する限りでしか尊重しなくなったら、これはアナーキー状態になる。

社会の政治的決定と、その産物としての法が、自分の正義の構想から見たら間違っているにもかかわらず、自分たちの社会の公共的決定の産物として尊重することが、いかにして可能なのか。

この問い――現代風に言い直していますけど、これが悪法問題です。ソクラテスは、すでにこの問いを問うていたんだ、と。この問題を解明できなければいけない。これはものすごく重要な問いなんです。

正当性と正統性

価値の多元化と、みんな簡単に言う。だけど、価値が多元化しているからこそ、しかも善だけでなく正義をめぐって、多元的対立があるからこそ、公共的秩序としての法が、単に力がある者の、力のない者や敗者への押し付けになってはいけない。もしそうなっていたら、敗者は隙あればサボタージュするし、暴力をもって抵抗する敵になるかもしれない。

ここで、法を自分たちの社会の公共的決定として尊重するというとき、法の何を見ているかというと、法の正しさ――正しいというのはふつう英語でライト（right）、正しさ、正当性はライトネス（rightness）だけど、その正しさではなくて、レジティマシー（legitimacy）、日本語で「統《す》べる」の字を使う「正統性」という言葉が当てられる、そちらのほうが問われる。

正義論の課題は、法の「ライトネス」、正しい法は何か、を問う。

法概念論は、「ライト」でない法も、なお法として尊重し得るような「正統性《レジティマシー》」をもち得るか、その場合の「正統性《レジティマシー》」をもち得る条件は何か、を問う、と。

話は複雑になるけど、ここでもう一度、私の「正義概念」と「正義の構想」の区別が出てくる。功利主義が正しいか、リバタリアンが正しいか、といった正義の構想の争いに、法の正統性《レジティマシー》の問題は依存しない。にもかかわらず、それが正義と無関係かというと、そうではない。対立・競合する正義の構想に共通の正義概念、ということに、なぜ私がこだわるかというと、正統性《レジティマシー》の問題の解明に、正義概念が深くかかわっているからです。

どの正義の構想を採るにせよ、正義概念が共通の制約になる。この正義概念を満たしている限りにおいて、法は「ライト」でなくても、「正統性《レジティマシー》」をもち得る。前から言っていた、正義概念論の重要性が、もう一度、この法概念論の文脈で出ている。

しかし、なぜ正義概念が、法の正統性《レジティマシー》の解明になるかというと、これがまたややこしいけれど、「法の支配」の問題にかかわってくるんです。

法の支配――つまり、法が「勝者の正義」であってはいけない。政治闘争で勝ったやつが、自分たちの決定を「法」として押し付ける。それだけのことであれば、その法に正統性《レジティマシー》はない。

正統性《レジティマシー》というのは、負けたほうから見て、間違ってはいるけれど、自分たちが次の闘争で勝てるまでは尊重できる、そういう法のこと、そういう法には正統性《レジティマシー》があると言える。つまり敗者の視点から見なければならない。

「法の支配」とは何かといえば、それによって「勝者の正義」を乗り越えられるもの、です。右が勝とうが左が勝とうが、とにかくだれが政権を握ろうが、やっぱりやっちゃいけない最低限のことはある、と。これをもっと具体化したのが立憲主義なんですけどね。

そのとき、いちばん重要なのが、私が言ってきた視点の反転可能性テスト。これが、共通正義概念になる。

正統性の二条件

法の正統性《レジティマシー》には、最低、二つのことが必要です。

一つは、今負けている敗者が、次の政治的闘争のラウンド――次の選挙でもいいけど――で、勝者になるチャンスがゼロでないこと。そうであればこそ、負けている今、勝者の決定を受け入れることができる。

自分たちは今、敗者だけど、自分たちが勝ったら、今の勝者が敗者となり、彼らに自分たちの決定を押し付けるのだから、敗者である今、彼らの決定を拒否するのはアンフェアだ、という論理ですね。

しかし、もし、ある特定の集団が勝者であり続ける状況であれば、この論理は欺瞞でしかない。だから、勝者と敗者の地位が逆転する可能性が現実的に保障されなければいけない。そのための制度が必要で、それが「民主主義」です。とりわけ、先ほど言ったように、政権交代がなるべく活性化するほうがいい。民主的な政治的闘争がフェアにおこなわれる条件を、まず憲法がつくらなければならない。

もう一つ――いくら勝者と敗者の地位が現実的に反転できるような民主主義を保障していても、そのなかで勝者になるチャンスがある敗者というのは、それなりの力、それなりの基盤がある人たちだ。しかし、そうではない、社会のいわゆる構造的少数者がいる。アメリカで言えばかつてのアフリカンアメリカンとか、ネイティブアメリカンとか。日本だと在日韓国・朝鮮人とか、被差別部落の人とか。宗教、性的指向性における少数者とか。

こういう構造的少数者は、いくら民主主義をオープンにしたところで、しかもそれに参加できたとしても、自分たちを実効的に守ることができない。そういう彼らに「おまえたちだって勝者になるチャンスがある」と言っても欺瞞と言われるだろう。

だから、成文硬性憲法で基本権を設定して、民主的プロセスで勝者になれない、どんな無力な少数者、どんな無力な個人でも、この基本権を民主主義立法が侵害した場合には、違憲審査制によって司法が違憲・無効とする。正義概念から、この要請が出てくる。この反転可能性テストが以上の議論の基礎にある。勝者は自らが敗者の地位に置かれたとしても受容し得るような理由によって、自己の敗者に対する要求が正当化できるか否かを常に自己批判的に吟味せよという要請が正統性保障の指針になっている。

正義概念の基底性

なぜ「正義概念」論が重要か、これまでの話をまとめると、こういうことです。

第一に、リベラリズムの最良の伝統を、もう一度再定義するときの理念として、それは重要だ。

第二に、正義論が、ロールズの「政治的リベラリズム」みたいにものすごく独断化していくことの歯止めとして、正義概念論は重要だ。

第三に、法概念論のなかで、この法哲学の伝統的問題、「悪法問題」を解くためにも、この「正義概念」が重要だということです。

それは、価値が多元化して分裂する社会のなかで、公共的秩序としての法をどうやって確立できるか、という今まさに問われている問題でもある。

私は「正義の基底性」という言葉を、『共生の作法』とか『他者への自由』では、「善に対する正義の優位」と、ほぼ同じ意味で使っていました。

今は、「正義の基底性」とは、「正義概念の正義構想に対する基底性」だ、と。正義概念が基礎にならなければいけない。

私が初期に言っていた、「善き生の特殊構想からの正義の独立性・制約性」というのは、根本的な要請ではなく、今言った「正義概念の基底性」から出てくるコロラリー（論理的帰結）だ、と。

それはこういうことです。自分の善き生の構想だからといって、他人に勝手に押し付けていいわけじゃない。視点の反転可能性テストが必要だ。

つまり、自分とは異なる善き生の構想をもつ他者の視点からも拒絶できない理由によって、自分の他者に対する要求が正当化できるか否かを自己批判的に吟味しなければいけない。このテストをパスするときに必要になっているのが、前にふれた反卓越主義の原理、つまり特定の善き生の構想に対する正義原理の独立性と制約性です。このこと自体が、正義概念から出てくる。

正義概念の基底性という考え方が、最近の私の『世界正義論』の議論にも貫通しています。

正義の構想の分裂・対立は、国内でもひどいけど、グローバルになるともっとひどい。だからこそ、どの正義の構想が正しいかじゃなくて、共通の正義概念が非常に重要性をもってくる。

現代世界ではアメリカのような超大国をはじめとしてさまざまな主体がご都合主義やダブルスタンダードをいっぱいやっているわけですよ。これは、どの正義構想か関係なしに、正義概念のテストで批判的に摘示できる不正が満ちあふれていることを意味します。もちろん『世界正義論』のなかでも正義構想論をやらなければいけないところがあるんですけども、基盤は正義概念論です。

まとめると、二〇〇〇年を過ぎたころまでに、さっき言った現実的問題と向き合う仕事と同時に、理論的な問題では、正義概念を基底にして、自分の今までのリベラリズム論だとか法概念論の問題を、統合的に捉えるようになってきたということですね。

サンデル・ブーム

――井上さんの仕事で、『法という企て』の次の理論的な本は、二〇一二年の『世界正義論』になります。そのあいだの二〇一〇年に、マイケル・サンデルの大ブームが起こりました。彼のハーバード大学での授業はもともと非常に人気がありましたが、日本でもそれがＮＨＫで「ハーバード白熱教室」という名で放送されて高視聴率をとり、翻訳書『これからの「正義」の話をしよう』が哲学書として異例の六〇万部以上のベストセラーになりました。

皮肉ですよね。サンデルは、最初は「正義」の人ではなくて、「善」の人でした。

――ロールズの「正義論」とリベラルな結論を批判した、ふつうは「保守」に分類される共同体論、コミュニタリアニズムの代表的な論者でしたね。

そう。でも、サンデルは実は、自分は共同体論ではないと今は言っている。

サンデルとは長い付き合いだから、最初から話しましょう。

私が一九八六年にハーバードに留学したときに、それまで著作だけ読んでいたサンデルと出会うわけだけど、前に言ったように、そのとき、サンデルが批判していたロールズは、すでに初期の立場を捨てて、「政治的リベラリズム」に転向していた。で、強烈に印象に残っているのは、八七年だったか、サンデルが、あるセミナーで、ロールズ本人もいる前で、ロールズの「政治的リベラリズム」を批判したのね。「政治的リベラリズムはどこまで政治的か、どこまで哲学的か（Political Liberalism: How Political Is It? How Philosophical Is It?）」という題目で。

私はもうその時点でびっくりしていた。サンデルは変わったな、と思って。彼が有名になったのは、一九八〇年代初頭に出た、ドクター論文に手を入れたやつで、そこでは前に説明したような典型的なコミュニタリアニズムの立場を展開していた。それぞれの特定の政治共同体の共通の歴史や伝統に埋め込まれた「善き生の構想」、これが共通善だ、と。それに即して人々を立派な存在に引き上げていくのが政治の目的だという議論をしていた。

ロールズの「政治的リベラリズム」というのは、ある意味、この共同体論に寄っている、というか、共同体論のメタ倫理学をそのまま引き受けている。もうリベラルな正義原理というのは哲学的に正当化できない、立憲民主主義の伝統をもつ社会の政治文化に内在する一定の合意に依存すると言うわけだからね。

ロールズが言うには、リベラルな社会では、宗教的、哲学的な立場が多元的に分裂しているから、論争的な哲学的立場に依拠しないと受け入れられないようなそういう正義原理じゃダメだ、と。

じゃあ、何がその支えになるかというと、ロールズが言うのは「重合的合意（overlapping consensus）」。どの哲学的、宗教的な教説からも、理由は違うけど、結論だけ共有できる。「同床異夢」的に。そういうのを、「オーバーラッピング・コンセンサス」と言う。

立憲民主主義の伝統をもつ社会においては、立憲的精髄（constitutional essentials）というのがある。アメリカでいうと合衆国憲法修正第一条みたいなものね。政教分離とか表現の自由など。立憲的精髄はどの立場も哲学的根拠は違うけど、受容している。異なった哲学根拠で同じ政治的結論を受容している。

しかし、立憲民主主義の伝統をもつ、リベラルデモクラシーの伝統をもつ社会にしか、こういうコンセンサスは成り立たない。だから、そういうコンセンサスがない社会には要求できない。そこから、ロールズは、「階層社会でも節度ある階層社会ならいい」という、前に言った主張にまで行く。

それを、だれあろう、サンデルが批判したわけ。

ローティ〔リチャード・ローティ　一九三一―二〇〇七　アメリカの哲学者。『哲学と自然の鏡』など〕なんかは、ポストモダン的なプラグマティズムで、結論はリベラルだけど、リベラルな結論を哲学的に正当化するのはナンセンスだ、と。ローティは「哲学の終焉」を唱えているからか、メタ倫理はコミュニタリアンでやって、結論はリベラルでも「ええやんけ」と（笑）、ロールズの「政治的リベラリズム」をものすごく歓迎した。

だけど、サンデルは批判した。

サンデルがどういうふうに批判したかというと、政治的な価値の問題というのはきわめて論争的だ、と、その時点ではっきり言うわけよ。かつては「特定の共同体の歴史や伝統に埋め込まれた共通の善き生の構想」なんて言っていた彼が。

政治的な価値がきわめて分裂している、とサンデルは言う。だからわれわれは論争的な哲学的問題にコミットせざるを得ないんだ、と。そういう論争的な哲学的議論によって、自分のモラルコミットメントを正当化しなければいけない。だから、ロールズの言うあんな「コンセンサス」は、まやかしだ、と。

その例として、サンデルは、南北戦争前夜のリンカーン＝ダグラス論争〔一八五八年、アメリカ合衆国上院議員候補で共和党のエイブラハム・リンカーンと、民主党の現職上院議員スティーブン・ダグラスが行った奴隷制をめぐる公開討論〕を挙げる。

大統領になる前のその段階では、リンカーンは完全な奴隷制廃止論じゃなくて、南との棲み分け論者だったんですね。要するに連邦を崩壊させることがわかった。その後彼は変わっていって廃止論者になっていくんだけど。

一方、ダグラスは、州ごとに任せればいいじゃないか、と。奴隷州と、自由州。そのほうがコンセンサスが得やすいわけでしょう、アメリカ全体としては。

それに対して、リンカーンが、いや、「自分たちは奴隷制が間違っていると思うから自由州にするけど、あそこは奴隷州でも構わない」と思うとしたら、それは実は本当に奴隷制が悪いと思っていないんだ、と言うわけ。コンセンサスのないところでも、何が正しいかということを議論しなければいけない、と。

この例を挙げて、サンデルが言う。もし、この論争にロールズの「政治的リベラリズム」をもち込んだら、棲み分けで合意しろというダグラスの主張が正しいことになっちゃうだろう、と。そういう批判でした。

私自身、何度も言うように、ロールズの「政治的リベラリズム」の欺瞞性にものすごく腹が立っていたわけだけど、それに対する批判が、サンデルから来るとは予想していなかった。私は、もうその段階からサンデルはリベラル化したと思っている。

サンデルの「正義論」

その後の彼の議論の変遷を見ても、だんだんそうなってきている。

たとえば、同性愛者の権利について、コミュニタリアンというのは、ある政治共同体のなかで支配的な性道徳が同性愛を禁じている場合には、同性愛者を法的に差別する政治的決定をその共同体がおこなうことを許容することになる。

サンデルも初期においては、この結論を認めている。一九八四年に『New Republic』

という雑誌に掲載した「道徳とリベラルな理想（Morality and the Liberal Ideal）」という論文のなかで、これを示唆することを書いている。

その後、私がハーバードに行った一九八六年に、有名なバウワーズ対ハードウィック事件判決というのがあったんです。本当にアメリカというのはひどい国なんですけど、ジョージア州に反ソドミー法というのがあった。「ソドミー」というのは男性器と女性器の結合以外の性行為――建前上は、異性愛カップルのオーラルセックスだとかもダメだということになっているんだけど、明らかに同性愛者をターゲットにしているんですよ。こういう反ソドミー法を、連邦最高裁が合憲だとしちゃったんですよ。昔の話ではなくて、なんと一九八六年に。

もっとも、さすがに恥ずかしくなったのか、二〇〇三年のローレンス判決〔同性愛者の権利を認め、全州の反ソドミー法を違憲とした〕で、これはひっくり返りました。

でも、その八六年の時点では、全米の三分の一の州は、この反ソドミー法をもっていた。反ソドミー法を合憲とした判決に対して、リベラル派が批判するのは当然でしょう。リベラルな法哲学者の代表、ロナルド・ドゥオーキン〔一九三一―二〇一三『権利論』など〕なんかは当然批判した。

でも、驚いたことに、サンデルも批判したんだよ。ただその時点でのサンデルの批判の根拠は、養子をとったりして家族を大事にするとか、あるいはパートナーとの安定したコミットメントとか、そういう共同体的な理想を、同性愛者だって追求できる、という議論だけど。

これは逆に言うと、共同体的な理想を追求せずに、家族をもとうとしないとか、相手を頻繁に替えてるとか、こういう同性愛者に対しては、やっぱり不利益を課す立法をしていいのかという話になる。でも、サンデルは最近では同性婚を認める根拠をさらにリベラル化してきた。

これは、あの「白熱教室」のテーマにもなっていたね。結婚の理由は生殖なのか、と。同性愛者は生殖しないじゃないかというけど、そんなことといったら、異性愛カップルだって子供をもとうとしないかもしれないし、あるいはもともと産めないかもしれない。子供をつくらないという人には結婚を認めないかというと、そんなことないでしょう、と。だから、何で同性愛者だけが、その理由で責められるのか、と。

同性愛者は関係が安定的でないといっても、異性愛者だって、プロミスキューイティ（乱交）の傾向が強くて相手を頻繁にかえる人たちはたくさんいる。ハリウッドのスターみたいにしょっちゅう浮気して異性の配偶者を四回も五回も変えるのがいるじゃないか。彼らから再婚する権利を剝奪するなんていうことをするか。しないでしょう。なぜ同性愛者だけ、この理由で差別されるのか、と。

この論理というのは、もう共同体論の話じゃない。

彼の立場が共同体論でないというだけなら、ある段階ではっきりしていました。彼自身、

「共同体論が、ある特定の共同体の多数派の信念に、政治的価値が還元されるという立場だとしたら、私はそうじゃない」、というようなことを言っている。

ただ、その段階でも、彼は「卓越主義」でした。卓越主義とは、前に言ったように、正しい善き生の構想にしたがって、個人を道徳的に完成させることが政治の目的だ、という考え。それはこの段階ではまだ捨てていなかった。

特定の共同体の支配的な善き生の構想に善き生の価値を還元するのを否定しただけ。

この段階で彼は、ヒューマンライツ（human rights）の向こうを張って、ヒューマングッズ（human goods）を唱えている。人権ならぬ「人善」。ライツってどうしても正義と重なるので、人間的善。より普遍主義になったんですよ。特定の共同体の歴史や伝統と切り離して、人間的善といえるものがある、と。

だから、サンデルは、一種の文脈主義は捨てても、卓越主義は捨てないと言っていた。しかし、さっき言った同性愛者差別を批判する論理は、その卓越主義も、実はもう本当には効いていないことを示している。同性愛者の権利、同性婚の権利まで彼が擁護した理由は、簡単に言うと、異性愛カップルだったら許されることが、同性愛者に許されないのは、普遍化不可能な差別だとするからです。要するに「正義」に訴えている。私のいうところの「正義概念」ね。

奴隷制の問題だって、これは善の問題、善き生き方とは何かという問題じゃない。リベラリズムは道徳的問題から政治を切り離そうとすると、ロールズの政治的リベラリズムとくっつけてサンデルは主張しているけど、それは違う。リベラリズムは道徳的問題のなかで、個人として善く生きるというのはどういうことかという善の問題と、異なった生き方をする人々が共存するための公正な政治社会の枠組みに関わる正義の問題を区別して、正義の問題については政治が道徳的議論に訴えることを要請する。

奴隷制の問題は善き生き方の問題ではなくて、まさに正義に関わる道徳的問題。正義の問題だからこそ、奴隷制を不正だとして自分たちの州で廃止しながら、他の州で維持するのはかまわないよ、と言うのはおかしいとリンカーンは主張した。正義にコミットしたリベラリズムは、このリンカーンの主張を支持する。サンデルがこれを支持するのは彼のリベラル化を示している。

後期ロールズの「政治的リベラリズム」はリンカーンよりダグラスを支持してしまうのではないかというサンデルの批判は重要です。後期ロールズは、正義原理の正当化根拠をめぐる哲学的・道徳的論争を回避して「重合的合意」という政治的合意に訴えようとしたから、奴隷制について、このような合意がまだ成立していなかった南北戦争直前の時代なら、奴隷州と自由州とが共存のために妥協しろというダグラスの立場を支持しただろうという議論は十分成り立つ。しかし、これはリベラリズムの問題ではなく、正義への哲学的コミットメントを捨てた後期ロールズの政治的リベラリズムは、もはやリベラリズムの名に値しないのではないか、という問題です。

私は二〇〇九年に久しぶりにサンデルと再会しました。千葉大学で小林正弥さんがコミュニタリアンのシンポジウムをやったとき、私がサンデルのコメンテーターとして呼ばれた。そこで彼に「ウェルカム・トゥ・ザ・リベラル・クラブ（リベラルクラブにようこそ）」と言ったら（笑）、彼はニコニコ笑ってね、否定しなかったよ。

ロールズの『正義論』の新訳が出たとき、訳者の川本隆史さんたちのシンポジウムに呼ばれました。そのとき私が話したのが「『正義論』教室の通信簿」という話。

私が教師で、サンデルとロールズが私の生徒だとする。初期のロールズと初期のサンデルを比べたら、初期のロールズのほうがましだと。Bプラス（B＋）で、サンデルはCプラス（C＋）ぐらいだと。ところが後期になると、逆に、ロールズがもう落第、サンデルはBプラスにまで成長した、と（笑）。評価が厳しくてめったにAをくれない井上先生の場合、これは優秀な成績を意味します。

「白熱教室」の功罪

――サンデルのそういうところが受けてブームになったんでしょうかね。

受けた理由は、その中身もたしかにあるけど、やっぱりあの授業のスタイルでしょう。

ただし、私はあまり手放しで喜べない。あれで学生たちが勉強する気になるならいいんだけど、そう思えないから。

まず、日本のメディア――メディア論にもなるけど――テレビがそうだけど、あの授業をもてはやすとき、あまりにも底が浅い。

サンデルはハーバード大でずっと一〇〇〇人ぐらいの学生を集めて授業をしているけど、あれはその前に、ティーチング・アシスタントが別々にやっている補習クラスがあるんですよ。そこで読まれているのは、『これからの「正義」の話をしよう』という早川書房から出たあれじゃなくて、アリストテレス、カント、ベンサムからミル、ロールズからノージックまでの、古典のものすごく分厚いテキストです。

それをちゃんとリーディング・アサインメント（課題）として学生たちに読ませて、それをチェックして準備させている、そういうティーチング・アシスタントの補習クラスがいっぱいある。そのリーダー（読本）があるんだけど、アクノレッジメント（謝辞）には、過去に協力したティーチング・アシスタントの名が一〇〇人分くらい、すごく長いリストになっている。そういう準備が事前にあるわけ。

ところがサンデルが来日して、東大の安田講堂で授業したときは、とにかく何か言いたいやつに言わせればいい、みたいな――サンデルとしては自分の役割としてあれをやったんだろうけれど、本当は、もっと下準備をしたうえでやらなければいけない。

サンデルの東大講義をＮＨＫが撮ったとき、最後に教育方法をめぐって、サンデルと千葉大の小林さんと私が議論したんだけど、ＮＨＫで全部削られた。いや、一度だけ放映したらしいんだけどね。そこでも私はその教授法を批判した。

サンデルがやっていることは、いわゆるソクラティックメソッド（ソクラテス式問答法）ですね。これはちょっと変遷があるんだけど、ロースクールで、一九七〇年代ぐらいまではものすごくこれをやっていた。

ソクラティックメソッド。これはいわゆる「ソクラティックアイロニー（ソクラテス的皮肉）」ですよ。ソクラテスは、「私は無知です。何も知りまへん。えらいソフィスト先生たち、あなたたちは賢いから教えてください」といって問いを投げかけて、ソフィストに答えさせる。そして、答えを吟味して、不合理な帰結が出てくるとか、変な矛盾が生じるとかチェックする。

ところがソクラテス自身は何も答えない。そうこうするうちに、ゴルギアスなんかは怒り出した、「おまえ汚ねえ」と。そういえば関曠野《ひろの》さんが、ソクラテスのその初期対話編を「汚ねえ」と批判している本（『プラトンと資本主義』）が昔あったけど。

結局、それは一方的な尋問なんだ。それと同じことをロースクールでやったんですよ。ものすごく膨大なリーディング・アサインメントを学生に課して。教師は、それを読んできていることを前提にいろいろと質問を発する。教師は答えない。学生はそれに答えるんだけど、ちゃんと準備してきているかどうか厳しくチェックされ、してこないとものすごくバーッとやり込められる。だから恐怖感で顔面神経痛になるような学生もいた。

今は、この方法は、やっぱりダメだというので、ロースクールでもやりません。私は二〇〇二年にニューヨーク大学に行って――九・一一の直後ですぐ近くにあったグラウンドゼロを見に行ったけど――ロースクールで教えたんですが、もうそれはやっていなかった。学生は質問されてもパスできる。いわゆる平常点は、どうしても教師の主観や、ジェンダーや人種に関わる偏見が影響するおそれがあるから、つけない、とか。

だから、ソクラティックメソッドが双方向的授業でいいなんて誤解したうえで、日本のロースクールでやろうとしたのは、まったくこのメソッドがわかってないんですよね。

サンデルは、ソクラティックメソッドを復活させていますが、やさしいソクラテスですね。尋問しない。サンデルが問いをかけて、自分は答えないで学生に答えさせる。それがおかしいなと思ったら、ほかの学生に反論させて、学生同士が議論をする。「諸君はどう思うかね」と。これがちょっといいわけね。教師が厳しく尋問しない形だから。

ただ、こわいソクラティックメソッドと共通している問題点が、やさしいソクラティックメソッドにもある。教師を特権化するんですね。学生はほかの学生に反論されるかもしれない。でも教師は答えないから、教師が学生に反論されることはほとんどない。

私自身は、教師が自分で答えをバーンと言って、学生に批判させる方法を好みます。最初に教師は、おれはこう思う、おまえたちどう思うか、って。教師の言葉に対し、学生たちに質問させたり批判させたりする。教師がいわばサンドバッグになる。

でも、サンデルのあれはそうではない。サンデルはずーっと何も言わない。いちばんよくないのは、ずーっと言わないまま終わればまだいいんだけど、最後にバーッと自分の意見を言って終わる。そしたらもうそれを批判する時間的余裕はない。彼の意見がラストワード、最後の結論になってしまう。それが結局、彼をグルー（導師）化というか、スターー化しちゃう。これは特にメディアが演出している面もあるんだけどね。

こうなると、一見柔和な顔はしているんだけど、かつてのこわいソクラティックメソッドの、尋問する者とされる者との非対称性が、やわらかい形だけど、残っている。私は、それは教育方法としてよくないと思っているんですよね。

世界正義論

――それでは、今のところ最新の単著になる『世界正義論』について。執筆の動機から聞かせてください。

動機は、昔からあったんですよ。『共生の作法』の規範的正義論は、基本的に国内問題だった。『世界正義論』の冒頭にも書いたんですが、国内的正義にとどまるのは、不完全な正義ではない、実は不正義であると。日本とか先進国のなかの貧しい人にいくら分配をしたとしても、たとえば先進国が貧しい途上国から収奪した資源を国内で分配しているんだったら、これは不完全な正義じゃなくてむしろ不正義である。

そういう意識があって、正義論をやる以上は、やっぱりグローバルなジャスティスをやんなきゃいけないとは思っていたんだけど、国内体制としてのリベラリズムデモクラシーの哲学的基礎ということで、正義論を再検討し、現代日本社会の問題に対するその含意を明らかにするという作業だけでも大変で、二〇年かかった。

それがだいたい、二〇〇一年に出た『現代の貧困』と、二〇〇三年に出た『普遍の再生』を書いたところで、一段落ついたかな、と。『普遍の再生』には、すでにグローバルジャスティス的な問題が一部、たとえば「アジア的価値論批判」という形で入っていますけど。で、ほぼ二〇〇〇年に入ったあたりから、世界正義論というテーマに、やっと集中できるようになった。

ただ、そういう以前からの動機と別に、この二〇〇〇年に入ってから、何としてもやらなきゃいけないというふうになってきた。それは、これまでも触れてきましたが、ロールズの堕落です。そう言うとロールズファンは怒るかもしれないけど、私から見たら思想的堕落としか言いようがない。しかも、それが世界の思想界に大きな影響を与えている。

それは要するに「政治的リベラリズム」への転向ということですけど、彼の国際正義論である『万民の法』の出版もあった〔原書一九九九、邦訳二〇〇六、岩波書店刊〕。原題は「*The Law of Peoples*」で、邦訳では「万民の法」となっていますが、私は「諸人民の法」と訳している。

「ザ・ロー・オブ・ピープルズ」というのは、もともと、国際法のことを言っていたんです。だけどロールズは、べつに実定国際法のことを記述するんじゃなくて、「国際正義」のことをその名で呼んでいる。

そのなかでロールズは、正義論の観点からいえば、驚くべき後退を見せている。グローバルジャスティスを否定しているとしか言いようがない開き直りをしている。その基礎にある「政治的リベラリズム」の哲学的堕落も批判しましたけど、それがグローバルジャスティスに対してもつ実践的な帰結を見て、これはますます放っておけない、と。

これは、徹底的にロールズを批判するだけでなくて、オールタナティブを提示しなければいけない、と思ったわけです。

もう一つの動機。そのロールズだけじゃなくて、私がわりかしこれまで高く評価していた英米圏のリベラルな哲学者、たとえばトマス・ネーゲル〔一九三七―　アメリカの哲学者〕だとか、そういう人たちが、グローバルジャスティスの問題になると、とたんに保守反動になる。要するに、ジャスティスはグローバル化できない、とかなりはっきり言うようになってきて、それも一つショックでした。

欧米の、比較的リベラルと思われる知識人たちが、グローバルジャスティスに対して非常に懐疑的ないし消極的な姿勢を取りはじめていることに対して、いや、リベラリズムというのはそういうんじゃないんだ、と言いたかった。

「コスモポリタニズム」というのが正しいかどうか別にして、ナショナルアイデンティティは重要視しつつも、それを超える規範的な制約というのはやっぱりある、と。そういうことを言いたかったのも一つです。

敗戦国の視点

しかし、欧米の知識人も、そういう人たちばかりではない。たとえば、ドイツ出身の哲学者、トマス・ポッゲ〔一九五三― 現在はアメリカのイェール大学教授〕という人がいる。今、グローバルジャスティスの分野で、最も影響力ある論客の一人です。

ポッゲと私はかなり長い付き合いなんです。最初に会ったのは、私は知らなくて向こうが覚えていたんだけど、一九九七年に香港大学に一週間ほど呼ばれてスタッフセミナーや学生の授業で話をしたとき、ポッゲも来ていた、と。私はそこで、『普遍の再生』の第二章に入れた「アジア的価値論批判」の発表を――英語版のもっと短いバージョンですけど――スタッフセミナーでやったんですが、ポッゲもそれを聞いてくれていた。

二〇〇〇年に、プリンストン大学のウッドロー・ウィルソン・センターで「二一世紀の国連」というテーマのシンポジウムをやって、そこでも私は似たような発表をしたんですが、そのときもポッゲはいた。そのとき、ポッゲと初めて話をしました。「おまえの話を聞いたのはこれで二度目だ」と言われてね。それ以来の付き合いです。

あと二〇〇七年に中国の北京大学のとなりにある清華大学、今の中国共産党の幹部がいっぱい出ている大学だけど、そこで国際シンポジウムをやって、私は『世界正義論』の最終章となった「世界統治構造」の英語版論文を発表しました。そこでもポッゲがいて、かなりまた深い議論をすることができた。

その前にも会った。さっき言った、二〇〇二年にニューヨーク大のロースクールに教えに行ったときも、ポッゲが「世界的貧困と人権 *World Poverty and Human Rights*（邦訳『なぜ遠くの貧しい人への義務があるのか――世界的貧困と人権』）」という大きな本を出す直前で、その構想を発表するというから、そこに私も出ていってね。それで、これは面白いと思いました。

ドイツ人のポッゲと日本人の私は、敗戦国出身の知識人どうしで、戦勝国であるアングロサクソンのイデオロギー的な欺瞞に対する怒りを共有しているという気がしたのね。この言い方は危険かもしれないけど……。

ポッゲは、ずっと英語圏で教えているけど、もともとドイツ出身で、カントを研究していた。ハーバード大のロールズのもとで博士号を取るんだけど、ロールズのところへ来たのも、ロールズがカンティアン・コンストラクティビズム（カント主義構成主義）だと言っていたからですね。

しかし、来てみると、アメリカのリベラルな知識人が、グローバルジャスティスの問題になると、あまりにも保守的だ、と。貧しい途上国が貧しいのは自己責任だ、みたいなことを言って平然としている、と。私が感じた、欧米のリベラルの知識人の態度への怒りを、ポッゲは実はもっと強い形でもっていたということに、私はあとで気づくことになります。

それがわかるのが、彼のさっきの「世界的貧困と人権」のあとに出た論文集「*Politics as Usual*（二〇一〇、未訳）」――これは何と訳せばいいんだろう、「相も変わらぬ政治」という感じかな――の序文で、彼は、自分の子供時代のことを書いているわけよ。

彼は私より一つ上の一九五三年生まれ。戦後生まれのドイツ人として、自分の親たちの世代がナチズムを生んだ、ということを子供のときから痛切に感じている。父祖の世代はあまり語りたがらないわけだけどね。ポッゲは、こんなひどいことをわれわれドイツ人はやった、だからそれを克服しなければいけない、という、きわめて自己批判的な問題意識が強い。

だけど――たとえばナチはユダヤ人を六〇〇万人殺した、と。あのホロコーストで。ところが、今の世界の現状を見ると、貧困死、「貧困から起こる死（poverty related death）」というのは、年間約一八〇〇万人です。これはとにかく貧困が原因で死ぬわけですから。飢餓もあるけど、簡単な病気で、治療を適切に受ければ助かるものが受けられないから死んじゃうとかね。世界全体で毎年五千何百万人と死ぬらしいけど、その三分の一が、貧困が原因で死ぬ。

しかもそのうちの約六割が五歳未満の子供だ。それは一日のデータでいうと約五万人が死んで、そのうち二万九〇〇〇人ぐらいが五歳未満の子供。仮に、大人たちは自己責任だとしても、子供には責任がない。

これだけの膨大な、ホロコーストの犠牲者をはるかに上回る人々が、貧困が原因で死んでいる。しかも――先進諸国が救済しようと思ったら、むかしは焼け石に水だとか、そんなことやっていたら先進諸国も同じく引きずり込まれる、なんて言われたけど、そんなことはない。豊かな先進諸国の消費の七〇分の一を削って回せば、そういう人たちを救える。そのわずかな負担でやれることすらやらない。

ポッゲはそういう言い方をはっきりはしてないんだけど、ホロコーストをあれだけ人類史上最大の犯罪だと批判していたその人々が、この現状を、まあ、かわいそうだね、ぐらいで済ましている。しかも、それに対する積極的な支援をする義務はない、と言っている。チャリティくらいでいい、という態度をとっている――そのことへの怒りだね。

敗戦国のほうが、実は深く反省しているから、イデオロギー的欺瞞に対してきわめて敏感になるのに、戦勝国のほうが自己肯定的なイデオロギーにひたって、そういう欺瞞性の罠に陥りやすいとよく言われる。

そういうことを、別にポッゲははっきり言葉で言ってないよ。でも、論文集の序文で、自分のドイツの子供時代のナチズムの反省が自分のグローバルジャスティス研究の動機になっていると言っているのを見て、ああ、ぼくたちは似ているのかなという感じがしましたね。そういうところが、お互い、グローバルジャスティスに関して発言する動機になっているのではないか。

分化と包括

——これから『世界正義論』を読む人のために、この本のポイントを教えてもらえますか。

グローバルジャスティスというのは、今、かなり多くの文献が蓄積されて、海外で特にそうだけど、研究が進んでいる分野です。でも、はっきりいって、専門分化しすぎているところがある。

大きな流れは二つあって、一つが武力行使の問題。冷戦が終わって、平和の配当を期待していたのに、逆に統御不可能な局地的紛争が広がっている。そこで、「人道的介入」みたいな形で、軍事力が国境を越えてバーッと使われていく状況。これをどうしようかと。戦争の問題は冷戦期にもつねに危機があったから、マイケル・ウォルツァー〔一九三五— アメリカの政治哲学者〕みたいな人が、一九七〇年代から『正しい戦争と不正な戦争』とかの本で書いていた。こういった国際社会における武力行使の正当性の問題は、一方にずーっとあるわけです。

もう一つが、貧困の問題。これも昔からあったんですけど、七〇年代にはまだ、さっき言った「焼け石に水」的な議論があった。

そのなかでもいちばんショッキングだったのが、ギャレット・ハーディン（一九一五―二〇〇三　アメリカの生態学者）の「救命ボートの倫理」ですね。

ハーディンは「共有地の悲劇」という法則を提唱した人で、そっちのほうは重要なんですけど、一九七四年に発表した「救命ボートの倫理」は、まったく別の話。「貧民救助反対論」という副題がついている。人口が増えてきているから、それを助けた世界はかえって貧困化する、むしろ人口調整のために、貧民は救済しないほうがいいんだ、みたいなね。昔のマルサスばりの議論を、こんな一流の知識人が、七〇年代にまだやっていたんだよね。

冷戦が終わったから「平和の配当」を使って貧困問題を解決できると思ったら、冷戦以降、逆に富裕国と貧窮途上国との格差がそれまで以上に広がっている。

もちろん、途上国のなかでも、マハティールのインドネシア、リー・クアンユーのシンガポール、中国、インドなどが経済発展してきたけど、途上国自体が二層化していて、最貧途上国というのはむしろひどい状況になっている。世界の富の格差は広がるばかりだ。底辺には、さっき言った悲惨な貧困死で死んでいく人たちが膨大な数いる。

こういう状況になって、グローバルな経済的正義の問題、世界貧困問題をどう解決するかという問題意識が、ざーっと広がっていくんですね。

以上が大きな二つの流れで、そのほかにも、「主権国家の終焉」が言われるなか、グローバルな統治構造というのをどう設計していくのか、といった問題意識もある。

ところが、研究者の多くは、それぞれの分野に特化してしまう。戦争の正義をやりたい人はそれ中心でやる。貧困問題をやりたい人は分配の問題を中心にやる。統治構造の人はそれだけをやる。

私の本に特色があるとしたら、グローバルジャスティスを包括的に論じている。それぞれの問題をバラバラにしちゃダメなんですね。また、包括的にやると同時に、問題の位相のずれというのを自覚しなきゃいけない。「包括的で複眼的なアプローチ」が必要だと言っています。

この本は五章構成ですけど、主要な問題群は、ほぼ網羅していると思うんです。

一つは、そもそも正義はグローバル化なんかできないとかいうメタレベルの批判に対して、グローバルジャスティスの可能性を論証する。メタ世界正義論と言っています。

二番目は、国家体制の正統性《レジティマシー》。正統性というとなんか国内的な問題だと思うけど、要するに、国際社会がある国の国家体制、政府の正統性《レジティマシー》を承認すべきかどうかという問題です。国際社会がある国家の、しかもある政府の正統性《レジティマシー》を承認するということは、すごい特権を与えることになるんです。正統性を認められた国家、政府は、国の資源を国民にかわって売り飛ばして、自分たちの権力資源にできる。あるいは国民にツケを負わせて、自分たちで勝手に借金ができる。

これはポッゲが指摘した問題でもあるけど、そういう特権を与える国際社会の正統性承認というのは、グローバルジャスティスの問題として絶対あつかわなければいけない。それから三番目が、さっき言った世界貧困問題。グローバルな経済的正義の問題。四番目が戦争の正義。

最後に五番目の問題として挙げたのが、世界統治構造の問題。

大きな問題群で私の本であつかっていないのは、地球環境問題ですね。これをなぜあつかわなかったかというと、グローバルジャスティスにかかわる部分もあるけど、それだけには終わらないというか、もっと別の問題がいろいろかかわってくるので、今回はあつかわなかった。でも、機会があればいずれ論じたいと思っています。

問題の仕分け

なぜ世界正義を包括的に論じなければいけないかということは、この本の第一章「世界正義論の課題と方向」で書きました。ロールズ批判ともかかわりますが、異なった問題を同時に論じつつ、違った側面を仕分けするということをしない結果として、ひどいことが起こっている。

一つは、こういう問題です。国家体制の正統性の条件のなかに、最小限の人権の保障だとか、民主政とかを入れると、世の中に人権保障してない国とか民主的じゃない国がいっぱいあるから、すぐそういうところに人道的介入とか軍事的介入して、ひどいことになるんじゃないか、そういう不安がある。

だから、正統性条件のレベルをもっと下げなければいけない、というわけで、たとえばロールズの場合は、前にも言ったけど、ディーセント・ハイアラーキー、節度ある階層国家にも正統性《レジティマシー》を認めていい、と言う。国教徒と非国教徒のあいだに差別があるけれども、非国教徒を火あぶりにせずに二級市民的に生存を認めているなら、まあよしとする、とか。民主政についても、ちゃんとした民主政がなくても、まあ、民の不満をガス抜きする程度の目安箱的な制度があればいい、とか。荒っぽく言うと、そういう議論になる。

これは、異なった問題の位相の違いを無視して論じるから、そうなる。ある国の体制が悪いという理由で国際社会が軍事介入していいかどうかという問題と、その体制の正統性条件は何かという問題は、分けなければいけない。

たとえば、正統性条件については、かなり規範的に強化していくとしても、その結果としてある国家が正統性《レジティマシー》を欠くと認められたからといって、ただちに軍事介入が許されるわけではない。それは別問題なんですね。

私は、正統性《レジティマシー》のない体制を変革していく第一次的な権能と責任は、その体制のもとで生きる人民自身にある、と基本的に思います。そういう政治的な自律の原理を基本にしなければいけない。

なぜなら、外的諸勢力は、だいたい不純な動機で介入するし、かりに純粋な動機であったとしても、最後までコストを払い切れないから、中途半端な介入に終わって、かえって悲惨な帰結を招く。

だから正統性《レジティマシー》の条件は規範的に強まるけど、それを保障するために軍事介入はどうするべきかというのは別問題です。こっちは、私は限定的なんです。

ロールズは、そういう問題をごっちゃまぜにし、軍事介入してはいけないという理由で、じゃ正統性《レジティマシー》の条件は低くていいじゃないかと、この手の話になっちゃいますね。

正統性《レジティマシー》の条件を低くして、正統性《レジティマシー》を認めると、さっき言った特権を与えちゃう。そういう専制的な支配をしている支配層たちに、国民の共有財産である国土の資源を売る権限を与える。それで売ったカネで武器買って反対者を弾圧する。カネを国際機関や海外の銀行から借りてきて、その借金のツケを国民に払わせる。そういう特権を与える自覚がないままに、正統性《レジティマシー》の敷居を低くするという、これが一つの問題ですね。

国家体制の正統性条件と軍事介入の是非との混同は、「ネオコン」や「リベラル・ホーク（リベラルのタカ派）」に逆の形で現れている。彼らは正統性条件を自分たちの独善的な価値観に合わせて引き上げて、邪悪な体制と自分たちがみなす国への放縦な軍事介入を正当化している。

邪悪な体制を懲らしめてやろうと、国境を越えて軍事力を易々と使うというようなことを、特に、アメリカという国はやる。なかでもW・ブッシュ大統領のときはひどかったけど、オバマ大統領もたいして変わらない。オバマは、イラク進攻反対だったけど、あれはアフガニスタン優先策だというだけ。

私がいちばん頭にきたのは、アルカイーダのリーダー、ウサーマ・ビン＝ラーディンを、パキスタンの隠れ家をつきとめたあと、パキスタン政府にもまったく無断で、秘密戦闘機二機送って殺しちゃったことです。

本当は彼は裁判にかけられなければいけないんですよね。少なくとも、アメリカの国内裁判、本当は国際的な戦争犯罪人の法廷がいいと思いますけど、本当にどこまで関与したのか、司法的に糾明されなければいけない。ところが最初から「殺して来い」ですよ。しかも殺したあと、その死体がわかると、新たなるテロがあるとかいって、海に水没させたんでしょう。いわば証拠隠滅ですよね。殺した過程、どんな恰好で殺したか、死体がないとわからないわけですから。

本当に抵抗したのか、抵抗せずに殺されているのかとか、そういうこともわからないように証拠隠滅しておきながら、さらには「被告」を殺して口封じをしておきながらオバマは何と言ったか。ウサーマ・ビン＝ラーディンの殺害に成功したあと、テレビで「ジャスティス・イズ・ダン（Justice is done.）」と言ったのよ。「正義はなされた」と。

でも、これ、正義じゃないでしょう。これほどデュープロセス（適正手続の保障）も何も無視しておいて。しかもオバマは、ハーバード・ロースクールのエリートで、成績がよくて、そこで『ローレビュー』のエディター（編集長）もやった人ですよ。そいつがこういうことを言っている。

そして、それを、パン・ギムン（潘基文）という無能な国連事務総長が、オウム返しに繰り返している。アメリカに国連も振り回されているんだけど、事務総長は二期目を狙っているから、アメリカの歓心を買わなければいけないという助兵衛根性がある。

対照的な行動

もう一つの問題は、世界正義の諸課題を解決するための資源配分の著しい歪み、不均衡です。

軍事力を、「邪悪な体制」を破壊するために国境を越えて使うこと、戦争の正義についての自己の見解を世界に押しつけることに関しては、アメリカはものすごく積極的で、金と人命を膨大に消尽するのをいとわない。

他方で、先ほど言ったグローバルな貧困問題、これに対しては非常に消極的だ、と。

本のなかで、この二つを示す例証を、私は違った研究者から引用している。この二つの事例の非対称性が孕む問題を指摘したのは私なんだけど。

一つは、スティグリッツ〔ジョセフ・E・スティグリッツ　一九四三―　アメリカの経済学者。ノーベル経済学賞受賞〕が、共著で出した「*The Three Trillion Dollar War*（邦訳『世界を不幸にするアメリカの戦争経済　イラク戦費3兆ドルの衝撃』)」からの引用。

あの本が出たのは、イラク戦争で、まだ最終的に大規模撤兵をする直前でしたけど、最も控えめの算定でも、米国は三兆ドルは使っている。死者を別にしてですよ。実際にはもっと負担がある。月間運転資金が、イラクだけでも五〇億ドルだ、と。そういうデータをスティグリッツが挙げている。

もう一つが、ポッゲが挙げている例。

二〇世紀半ばから貧困死問題が意識されていて、ローマ食糧会議というのを国連が主催して開いていたんですね。それで一九九六年に「世界食料サミット」を開いて、二〇一五年までに栄養不良者の数を半減させるという「ローマ宣言」を出す。そのために先進諸国が年間六〇億ドルを共通して拠出しよう、と。

ところがアメリカは、それはただの宣言であって、法的拘束力はない、と言う。さらに、栄養不良者を半減させるなら二六億ドルぐらいで十分だと言って、しかも、それすらちゃんと出さない。

一方で三兆ドルを使っておいて。この対照性ね。

イラクでドンパチ人を殺す。アメリカ兵と民間の軍需会社が送った要員の死者が約五〇〇〇人というけど、イラク国民の死って、ほとんど非戦闘員が巻き込まれて死んでいますけど、これいちばん厳格に、はっきり確認できた死者の数だけを算出しているジャーナリストたちの団体があるんだけど、その算出でも一〇万人超えているんですよね。ＷＨＯでは一五万人と言っている。

これだけの人を殺すために、月間五〇億ドルを平気で使う。他方で、先ほど言った一八〇〇万人が貧困死している。それ減らすのに年間六〇億ドル、これしかも先進諸国全体でプールするわけよ。こんなに要らない、二六億ドルで足りると言うんだったら、じゃ、もし六〇億出したらほとんどなくなるわけでしょう。月五〇億ドル、イラクの戦争で使っているカネにちょっと足せばいいわけでしょう。

膨大な数の人の命を救えるリソースの提供をこれだけケチっていて、これだけ多くの人を巻き込んで殺している戦争にこれだけカネを使う。この矛盾を自覚するために、異なった問題を同時に見つつ、全体を包括的に見ないといけない。そうしないと、この矛盾が見えてこないですよね。この複眼性と包括性が、私の本のセールスポイントかな。

主権国家の必要

もう一つあります。

「主権国家の終焉」論が流行っている。

終焉とまでは言わなくても、主権国家の主権を限定しなければいけない、と。要するに、「主権」と「人権」とを対立的に見る見方というのは非常に強い。

中国みたいな国の人権侵害に対して、国際社会が批判する。批判された側は主権干渉だと反発する。要するに人権を踏みにじるのを主権で正当化している。

他方で、人権のグローバル化を主張する人たちは、国家主権が邪魔だと感じる。主権を制約してでも人権を、と言う。対立する両方に共通している前提があって、それは、「主権」と「人権」を二項対立的に見る見方ですね。

これはやっぱり違うんだ、と。これはグローバルジャスティス以前の政治思想の伝統から見ても違っていて、主権と人権とは、むしろ歴史的にも哲学的にも、もともとカップリングしている。

そのことを私は、学部の学生のころ、政治学史の――東大では政治思想史の講義を政治学史と言っています――福田歓一先生に習った。東大総長になった佐々木毅氏の先生です。先生が言うには、政治学の基本概念はすべて古典・古代のギリシャ、ローマにある、と。ただ、二つだけが近代に出てきた。それが主権と人権だ。だから主権と人権は、近代になってカップリングして生まれたんです。

それはいかにして生まれたか。一つの考え方は、中世というのはさまざまな自立的諸権力が多元的に分立してチェック・アンド・バランスしていた。君主といえども、ワン・オブ・ゼムですから、主権国家ではない。

だから、マグナ・カルタのとき、国王ジョンが、ほかの貴族や教会の身分的特権を奪おうとしたら、彼らが連帯してジョンを押さえつけてマグナ・カルタに署名させた。

　しかしその後、近代市民革命以前から、絶対王政の段階でどんどんどん集権化が進んでいく。フランス革命は、集権化ということからいえば、アンシャンレジーム、旧体制との断絶じゃなくて連続なんですね。旧体制、ルイ王朝のもとで膨大な集権化が進んでいって、それでさらにフランス革命で徹底しちゃっているわけ。

　こういう巨大な主権国家ができて、それが中世的な多様な身分的諸権力のチェック・アンド・バランスのシステムを崩した。だからこの崩された中世的な権力抑制システムを代替するものとして、人権というのが、主権ができたと同時に、その制約として生まれたんだ、と。こういう説明が一つあります。

　しかし私は、これは間違っちゃいないけど、事柄の半面にすぎないと考える。なぜかというと、そんなにおそろしい主権国家だったら、そもそもつくらなければいいじゃないか、と思うわけ。中世のままでいればよかったじゃないかと。

　だけど、中世のままでいると、やっぱり困った問題があった。それは、国家権力もこわいけど、分立割拠している自立的な社会的諸権力、こいつらも獰猛なんだね。

　いちばん獰猛なのが、教会とかの宗教勢力だった。ヨーロッパにおいては宗教改革後の宗教戦争ですね。大陸では三〇年戦争、イギリスでもピューリタン革命の前後というのは、宗教的内乱の時代でした。

その時代にホッブズ〔トマス・ホッブズ 一五八八―一六七九 イングランドの哲学者〕が社会契約説を考えた。ホッブズにとって、自然状態、「万人の万人に対する闘争状態」というのは、理論的なフィクションではなくて、彼が生きた時代の現実だったわけですね。そういうところでは、最小限の自然権といっていい自己保存権すらあぶない。これを守るためには、こういう中間的な社会権力を抑え込んで、個人を強力に保護してくれる、そういう装置が必要だ。それが「リバイアサン」と彼が呼んだ主権国家ですね。

だから、主権国家を何のためにつくったかというと、個人の基本的な人権を擁護するためには中間的な社会的諸権力よりも強力な権力が必要だからだ、と。これはホッブズだけじゃなくて、近代社会契約説のロジックは、みなそうなっているんですよ。だから主権国家の存在理由は、実は人権の実効的保障、それ以外にないんだ、と。そうでなければ、こんなあぶなっかしいものをつくれない。

となると、主権と人権が対立するというよりは、人権が主権の正統化根拠だから、人権による主権の制約というのは、外在的な制約じゃなくて、主権そのものに内在する制約だ、と。この発想が非常に重要なんです。

答責性

現実的に見ても、国家を超えたさまざまなシステムというのはできてきています。

それは、国家以上にでかい国連だとか地域的なＥＵだとか、他方で国家を横断する市民社会的諸組織とか、それからある種の非国家的な、やっぱりグローバルな組織だけど、昔は多国籍企業とか呼ばれ、今はトランスナショナル・コーポレーションズ（ＴＮＣ）と呼ばれてるものとか。さらに犯罪集団にもグローバルなシンジケートなんかがある。

　こういった国家を超えた、あるいは国家を貫通しているさまざまなアクターが台頭してきて、国家は事実として力を弱められつつあるのかもしれない。

　では、犯罪組織は別として、こういう非国家的あるいは超国家的アクターが、国家以上に人権保障においてよいパフォーマンスをもち得るか。これは、リアリスティックに見ると、実はそうじゃない。

　なぜそうなるかというと、やっぱりここでアカウンタビリティ、「答責性」ということが問題になる。

　要するに、何かあったとき、国家というのは逃げも隠れもできないわけね。ところが超国家的組織といったって、国連の機能不全のなか、国連にかわる集団的自衛権のＮＡＴＯとか、みんな勝手なことをやっていますよね。

　それから、今期待されているのは、世界市民社会論で出てくる、国際的なＮＧＯ。これはインターナショナルなＮＧＯだからインゴ（ＩＮＧＯ）と通称されたりします。たしかにこれもパワーを強めてきているんだけど、じゃあＩＮＧＯ《インゴ》が、本当に人権保障において完全に信頼できるか。

もちろん信頼できる活動も十分しているんですよ。しているんだけど、でもＩＮＧＯ《イ ン ゴ》にもものすごい危険性があってね。それが、答責性、アカウンタビリティの問題。

その前に言うと、グローバルな企業、国際金融資本だとかトランスナショナル・コーポレーションズとか、こういうものにアカウンタビリティがないという話は、よくされている。

なぜかというと、彼らは「瞬時大量の資本逃避」という方法をとる。自分たちにとって投資のコストを高めるような規制をもうけた国からは、瞬時に大量の資本を撤退させることができる。そうすると、撤退された国の雇用だとかが失われる。つまり、自分たちに不利な規制をもうけたその国から離脱することで、その国に処罰を与えることができる。

そうすると、それぞれの国が、本当は消費者保護のためにこれをしたいとか、環境保護のためにこれをしたいとか、労働者保護のためにこれをしたいと思っても、そういう規制をすると資本が逃げていくというので、政策カードが制約される。

ところがそういうことをやっている国際金融資本だとかＴＮＣは、その国の国民に対して何も責任を負っていないじゃないか、と。こういう批判はよくなされるんだけど、しかし、同型の批判が、実はＩＮＧＯ《イ ン ゴ》にもあり得るわけですね。

私が挙げた一つの事例は、国際環境保護団体ですね。たとえば、マグロは今や絶滅危惧品種だ、クジラの次はマグロだ、とその団体が言っているとする。で、ある島国が太平洋上にあった、と。その小さな島国ではマグロ関連産業が基幹産業で、マグロの缶詰、ツナ缶を、先進諸国にどーっと売っている。

ところが、この国際環境保護団体がそのボイコット運動を始めた。そうすると先進国ではツナ缶を置かなくなった。環境団体がうるさいから、と言って。それがこの島国の経済に壊滅的打撃を与えて、巷に失業者があふれている。

こんなことをその国の指導者がもしやったとしたら、選挙でクビを切られるか、民主主義がなければ革命で文字どおり首を切られる。ところが、この国際環境保護団体は、そういうことをやったとしても、その国の国民には責任をとらなくていい。

もちろん彼らは、自分たちに膨大な寄付をしてくれる先進諸国の、今や経済発展したから環境保護が重要だと思っているお金持ちの未亡人とか、そういう人々に対しては責任を負っているんだけど、自分たちがアカウンタビリティを負っている人々と、自分たちの行動によって負の帰結を負わされる人々とがずれている。

本来、アカウンタビリティというのは、自分たちの行動によってコストを転嫁されたり害を与えられたりする人たちに対して負わなければいけないんだけど、残念ながらそうなってない。こういった問題がいろいろある。

それに対して、やっぱり国家というのは、逃げも隠れもできない。国内的にも国際的にも、批判・非難を受けざるを得ない立場だ。

私は、価値はグローバル化していかなければいけないと思っています。当然です。人権といった価値もそうです。

しかし、それを実行する基本的な主体して信頼できるのは、やっぱり国家だろうと私は考えている。主権というのはそのためにあるんだ、と。グローバルジャスティスのなかで、主権国家秩序を脱構築するんじゃなくて、再構築しなければいけないというのが、もう一つの私の主張です。

民主主義と立法

――さて、ではこれから、どういう仕事をやっていきたいと思っていますか。

二〇〇〇年に入ってからは、グローバルジャスティスを中心にずっとやってきましたが、実はもう一つ、研究活動の軸があったんです。それは、立法学の再編という仕事です

これは、国内的な問題意識なんですよ。日本の議会民主主義をどうするか、という。ただ、日本だけじゃなくて、先進諸国で民主政のあり方が今非常に問題になってきている。EU加盟諸国の場合、さらにトランスナショナルの地域的自治があるから、EU法と国内法との衝突で、ものすごく複雑な混乱が起こってきている。こういうなかで立法学というのをもう一度ちゃんとしなければいけない。

しかし日本の文脈からいうと、もう一つ重要な文脈があって、やっぱり五五年体制の崩壊が、立法のあり方もだいぶ変えたんです。

私は最近、『立法学のフロンティア』（全3巻「立法学の哲学的再編」「立法システムの再構築」「立法実践の変革」）を共著で出しました。私が全体的に企画して、特に第一巻は私が責任編集しました。

その全体を通じた問題意識は、こういうことです。

戦後直後には戦後改革という熱があって、あのときは憲法だけじゃなく――最近は憲法のことばかり言われるけど――実は重要な社会経済改革、農地改革も、みんな立法を通じてやられているんですよね。

立法というのは、まさに民主主義なんだから社会改革手段として重要。憲法は公正な民主的プロセスと被差別少数者の人権を保障するために重要だけど、あくまで消極的制約。この制約の下で、社会改革を具体的に推進してゆくのは、民主的にコントロールされ、国民の信託を受けた立法府の仕事です。

つまり、民主的立法が、社会改革の主人公であるべきなんです。そういう問題意識は、戦後初期にはあった。

それがしかし、いわゆる五五年体制から変わってくる。

五五年体制の基盤にあるのは、軽武装・高度成長で固まった国民的コンセンサスですね。

高度成長のなかでも、取り残されている人々はいるから、その不満をガス抜きするために、どんどん大きくなるパイを再分配して、小自営生産者や農民に利益の均霑《きんてん》をするのが政治の役割になる。

また、軽武装のほうは、自衛隊はすでにけっこう大きかったとはいっても、GDP一%だとか——その後それは超えられていきますけど——その程度でいい、と。あとは「アメリカちゃん」が守ってくれるみたいな。そういう枠組みが基本的なコンセンサスだった。だから五五年体制はコンセンサス型の民主政として位置づけられた。ネガティブにいえば談合政治。共産党だけは体制が根本的に違うというので排除されたけれども。

その典型期は、自民党一党政権のように見えた。実態は、まず、自民党自体が一定の政策とかイデオロギーで結びついたものではなくて、右から左までいっぱいいた寄り合い所帯ですね。私は「メタパーティ」と言っています。諸政党の党と。

あと、その自民党も、内部でそういうコンセンサス型の政治をやっただけではなくて、共産党以外の野党、社会党、民社党、公明党を国体政治で巻き込んで、お互い合意で政治をおこなう。基本的には強行採決はやんなかったですよ。滅多にやらないから、たまにやると騒がれた。

こういうので何とかいったのは、この当時、立法というのはもちろんなされていたけど、大胆な社会改革のための立法でなくて、利益の調整、もっといえば既得権の調整ぐらいが目的だった。

しかし、五五年体制の基盤であった高度成長が崩れていくと、利益の均霑をしたくてもできない。もうだれかから取ってだれかにやるしかない。ゼロ・サム的対立になってきている。

また、アメリカのほうも、余力がなくなってきて、日本に対して軍事的なバーデンシェアリング（負担共有）を求めてくる。そうすると安全保障のあり方でものすごい対立が生まれる。

そういうふうに、分配問題でも安全保障問題でも、今まで可能だった広範なコンセンサスの基盤がなくなってくる。そうすると、これまでの五五年体制の談合政治みたいのじゃうまくいかない。

そういう構造変換があり、その結果としての政治改革もあった。一九九〇年代に非自民連立政権が生まれ、それはまだ五五年体制を引きずっていましたけど、だんだん政権交代がラディカルな形でおこなわれて、大きな政策転換が生まれる。

二〇〇〇年ぐらいから、立法も、これまでの既得権調整というマイナーな役割じゃなくて、大きな基本的諸制度の変革をおこなった。

会社法が抜本的に変わるとか、裁判員制度の導入とか、被害者訴訟参加とか。それから実体刑法だって、犯罪の処罰の早期化とかね。ピッキング防止法なんて、ドライバー持っていても捕まっちゃうとか。刑事法なんて絶対に変わらないといわれていたのが大胆に変わってくるとか。それから行政事件訴訟法も原告の武器を強化する改正をした。いいにつけ、悪いにつけ、かなり大きな変革効果をもたらす立法がどんどん出てくるようになってきた。

この状態は、ある意味で、それまで利益集団が立法による抜本的な構造改革を止めていたのができなくなったことを意味する。一般のポピュリスト的な政治家をリーダーと仰ぐ政党が、わりと大きな変革をするようになってきたということは、悪いことじゃない。だけど、あまりにも拙速に次々変な立法をつくり出してくる、と。それがいいのかという問題意識ですね。

そんななか、民主党による政権交代が起こった。

民主党にはデリバラティブ・デモクラシー（deliberative democracy）という概念が採用されたんです。これを「熟議民主主義」って最初に訳したのは私なんですけどね。

最初は協議民主主義とか討議民主主義とか言われていたんだけど、意味がよくわからない。熟慮しなければいけない。しかし単独で熟慮するんじゃなくて、みんなで協議しながら熟慮すると。そこで「熟議」という訳を当てたら――私は造語だと思ったら、ちゃんと辞書に載っていたんですけど――それを鈴木寛さんなんかがほかの政治学者に教えられて使ってくれて、広がったんですけども。

民主党はその「熟議」の実践をけっこうやりました。しかし民主党の内部分裂で、ああいう体《てい》たらくになった。そうすると熟議というのは「決められない政治」の代名詞みたいになっちゃってね。

今、安倍政権は「決める政治」になった、と。そうするとまた、次々大胆な立法をやるんだけど、なかには危険なものもある。たとえば特定秘密法というのは、仮にそれに賛成するにしても、既存の法律ではどこがまずいのかとか、立法事実についてちゃんと審議しなければいけないのに、それをしていない。こういう表現の自由を大きく制約する危険性のあるようなものが性急に制定される。

私はグローバルジャスティスの問題を考察する一方で、今、日本のこういう状況もにらんで日本の議会民主政の構造変動と立法システムの基盤変動を受けた研究もしてきました。先ほどの三巻本は後者の成果ですが、主題は日本の議会民主政改革の問題だけではありません。法哲学のなかで、立法システムを改めて研究しようという理論的動向が国際的に高まってきており、それと関係した法哲学の自己改革の問題にも取り組んでいます。

立法理学

これまでは法哲学でも、立法過程というのは権力ゲームだと見られてきました。さまざまな利益集団が角逐《かくちく》し合って、数と利の力でやっているんだ。これはあまり合理的な議論の場じゃない、と。

合理的な議論、法の原理・原則だとか、そういうのを考えて議論するのは、やっぱり司法だ、という偏見が強かった。

こういう司法中心主義的な偏見に対して、民主政というのをまじめに受け止める限りは、立法過程を、しょせんそれは権力ゲームだとか、利益集団政治だとかいってアプリオリに貶《おとし》めるんじゃなくて、これを改革していかなければいかん、と。

先ほど言った熟議民主主義というのも、その問題意識があったんですね。法哲学のなかでも、今までの司法中心主義にかわって、民主的立法の復権を意識する人たちが出てきた。法実証主義者のなかからが多かったけど、法実証主義以外の、私のような立場も含めて、そういう動きが出てきた。

こういう立場を表すものとして、立法の法理学、「レジスプルーデンス（legisprudence）」という言葉をつくった。「ジューリスプルーデンス（jurisprudence）」が法理学で、レジスレーション（legislation 立法）とジューリスプルーデンをぶつけて、レジスプルーデンス、と。僕は「立法理学」と訳しているんですけど。

ちなみに、「法理学」というのは、「法哲学」のことです。京都大学は、法哲学の講座を法理学と呼んでいる。関西では法理学というのが多い。東大は法哲学ですけど。昔は法理学という言葉のほうが多かったかもしれない。

どっちかというと、法理学というのは英米系なんです。ジューリスプルーデンス。法哲学はドイツ系、レヒツ・フィロゾフィ。最初はちょっと違っていた。レヒツ・フィロゾフィのほうが、価値論とか世界観的なこともやっていた。英米の法理学は概念分析みたいのが多かったけど、今はもう同じ。

で、この「立法理学」は、立法の法哲学として、国際的な学問運動にもなっている。国際雑誌も二〇〇七年にできて、私はその顧問委員の一人です。

こういう、法哲学のなかの学問的な自己革新運動と、日本の議会民主制の構造変動にともなう立法システムの変動をめぐる研究を、統合する共同研究を組織してきました。

イギリスの場合

さらに今は、グローバルジャスティス論と、立法理学の発展を結びつけて、グローバル・レジスプルーデンス（世界立法理学）の基盤構築のための共同研究を始めています。グローバルジャスティスは、正義論でもかなり理論的なレベルの話ですが、これを立法システムのデザインにどう反映させていくか。

立法というと国内問題のようだけど、実際には、国内立法も国際的な条約による制約を受けているんです。

これが顕著なのがＥＵのヨーロッパ諸国ですね。

たとえばイギリス。

イギリスとアメリカは、同じ英米法、同じコモンローとか言われるけれど、実はぜんぜん違う。

アメリカは、さっき言ったような違憲審査制が確立している。成文硬性憲法で基本的人権を定めて、民主的立法といえども、それに反したら、裁判官が違憲・無効と言う。

それに対して、イギリスには成文硬性憲法はない。いわゆる不文憲法。あと、裁判所は違憲審査権をもっていない。やっぱり議会中心、「議会主義」なんですね。

そこで、「立法の復権」を言う知識人のなかには、英国的システムにシンパシーをもつ人たちがむかしからいました。

イギリス的システムの支持者たちは、「あんなアメリカみたいな成文硬性憲法なんて要らない」と言う。「そんなものがあっても、マッカーシズムのような反共ファナティシズムに狂ったじゃないか。おれたちはそんなことはしない。共産党員だって認めるぞ」とか。

つまり、政治的な自由や人権を守るのは、憲法みたいな紙切れではなく、政治的文化なんだ、と。自由の政治文化さえ確立していれば、そんな紙切れは要らない。逆に、自由の文化がなければ、紙の憲法をつくっても意味がない、と。そういう自信がすごくあった。

ところが、一九八〇年代、イギリスのサッチャーリズムの時代、北アイルランド問題で、強権的なサッチャー政権に対して、ＩＲＡ（アイルランド共和国軍）がテロで対抗した。それで五〇〇〇人くらい死者が出たんですね。

そうすると、サッチャー政権はますますそれを力で押さえ込もうとして、被疑者・被告人のデュープロセス上の人権保障を一切無視するようなことを、いろいろやった。集会結社の自由の侵害とか。

これがアメリカだったら、裁判所が介入して、それは違憲だと言えるんだけど、イギリスはそれができない。違憲審査制がないからです。

では、どうなったか。

イギリスは、ヨーロッパ人権規約に入っていた。これは何かというと、その規約の加盟国の国民が、国内的な法的救済システムを全部尽くしたあと、なお救済されない人権問題があったときは、ヨーロッパ人権規約上の裁判所であるヨーロッパ人権裁判所に、救済を求めることができる、というものです。

そして、サッチャー時代のイギリスは、その加盟諸国のなかで、もっとも頻繁にヨーロッパ人権裁判所に提訴されて、もっとも頻繁に政府が敗訴したんです。

つまり、自由の政治文化なんてものが、いかに脆弱か、ということですね。アイルランド問題みたいな深刻な危機になると、そんな文化もあてにできないわけです。

そこでイギリスも少し考えはじめて、ヒューマン・ライツ・アクト（人権法）という議会立法を、一九九八年に成立させる。これは要するに、ヨーロッパ人権規約を、国内法に編入したわけ。だからイギリス国民は、わざわざヨーロッパ人権裁判所まで行かなくても、国内の裁判所でヨーロッパ人権規約を使えるようになった。

ただし、イギリスにおいては、議会立法がヨーロッパ人権規約に反しているからといって、裁判所がその立法を違憲・無効とはできない。

できないけれども、その議会立法と、ヨーロッパ人権規約の人権保障規定が衝突している、という宣言はできるわけです。それで立法を変えるかどうかは議会の責任。議会が「変えない」と開き直ればそのままなんだけど、やっぱり世論への影響があるから、政党もそれなりの政治的コストやリスクを負わなければいけない。

このように、イギリスも、まだ正規の違憲審査制にフルステップは踏んでいないけど、半歩は踏んでいる。

ここで言いたかったのは、このようにイギリスの国内立法システムも、国を超えた、トランスナショナルな枠組みの影響で変わってきた、ということです。

国を超える立法

もう一つ例を挙げると、フランスです。

フランスももともと立法中心主義でした。法律中心主義とも言う。

フランスはフランス大革命で人権宣言をやりました。では、その人権宣言を使って、裁判所が、アメリカみたいに、議会立法を「人権宣言違反だ、無効だ」とできたかというと、それを長いことしなかった。

初めて人権宣言が法令違憲の根拠としてフランスの裁判所で使われたのは、一九七〇年代に入ってからです。革命が起こって、ほぼ二世紀たっている。

それまでは、憲法的価値を追求する基本的主体は、選挙で選ばれた議会であって、裁判所ではない、とされてきた。でも、そのフランスでも、裁判所が法令の違憲を言うように変わってきたわけです。

その背景には、やはり国を超えた枠組み、EUの枠組みがあります。フランスでは、人権宣言にもとづいて違憲判決を出せるのは憲法院です。しかし、それだけでなく国務院と破棄院というのが条約解釈権をもっていて、それらがヨーロッパ人権規約を解釈して、フランスの法令が人権規約違反だと宣告する。そういうふうになってきました。

これまでは、アメリカみたいな違憲審査制で、民主的コントロール下にない裁判官が民主的立法の決定を違憲・無効とするのはおかしい、という議論がよくあった。

その点では、イギリスやフランスのように、議会立法が優位にある国が正しいように見えたけれども、これらの国のあり方も、トランスナショナルな枠組みのなかで変わってきたわけです。

国内の立法が、国を超えた枠組みに影響される、これは一つの例です。

日本は、EUのような地域連合の枠組みのなかにはありません。それでも、国際人権規約を批准していますから、国内立法の過程でその制約を受けたり、運動の資源としてそれが使われたりすることも、すでにけっこうあります。

こういったことが、これからますます広がっていくだろう、と。

だから、正義論をグローバル化してグローバルジャスティス論をやったけれども、それと立法理学研究を結びつけて、立法システムがグローバル化のなかでどのように変容していくか、それを単に記述するだけでなく、規範的な制度構想としてやりたい、というのが私の次のテーマです。

哲学の行方

——最後に、哲学の現状と行方について聞きます。二〇世紀には、マルクス主義や実存主義や構造主義、ポストモダン哲学や正義論の復活など、哲学のさまざまな流行がありましたが、最近はあまり聞きませんね。哲学はどうなっているのでしょう。

私は、哲学といっても、法哲学、政治哲学、あとはせいぜい倫理学というところが中心で、哲学一般をやったわけではない。

だから、哲学全般の変化を語る資格はないんだけど、自分がやってきたことから言うと、哲学はこのままだと衰退していくんじゃないかと思う。

それを積極的に、哲学はむしろ死んだほうがいい、と言うやつもいるけどね。私はそういう人を批判的な目で見ています。

科学の進歩が哲学を無用化していく、という人もいる。

そういえば、国際法哲学会というのが、おととし、ブラジルであったんだけど。そこでの、ヤング・スカラー・アワードという三五歳までの若手に与えられる奨励賞をとったドイツの研究者の発表が、大脳生理学を使った法哲学の革新、みたいなやつでした。表現の自由は外的な表現をともなうから規制されるけれど、人間の内面の自由は規制されないと言われた。しかし、今は内心も、大脳生理学でコントロールできる、とか。fMRI〔機能的磁気共鳴映像装置。脳活動を計測する〕のデータとかを使って……私には、問題を革新しているというより、プレゼンの新しさだけで喜んでいる気がして、はっきりいってつまらなかった（笑）。

今までの哲学的議論が、若い世代によって飽きられてきたのか。

西欧理性の堕落

哲学の死――法哲学で言えば、ロールズに見られるような正義からの退却に、その兆候があります。ロールズだけでなく、第一部でも言った、リベラリズム研究をやっているジョン・グレイとか。私は、二〇〇四年の『思想』に載せた論文「リベラリズムの再定義」で、グレイをかなり厳しく批判した。

グレイの考え方というのは、前に言ったように、リベラルな原理で哲学的に政治制度を正当化するのは無理だ、と。政治社会の基本原理は、哲学的教説の産物ではなく、政治的な戦略的妥協の産物だ——これは、ロールズと基本的には同じ方向の議論ですね。

その結論は、はっきり言えば、リベラリズムが受け入れられるのは欧米の立憲民主主義国だけであり、それでいい、と。非欧米世界にはそれは妥当しないから、節度ある階層社会でも何でも認めちゃう、と。

前に言ったように、グレイは、リベラリズムの二つの源泉、「啓蒙的合理主義」と「寛容の伝統」を対立させて、寛容はいいけど、啓蒙はダメ、と言う。でも、その場合の寛容は、私に言わせれば、寛容の負の側面でしかない。

彼はモードゥス・ヴィヴェンディ(modus vivendi)、力ある諸勢力の「暫定協定」でいい、それ以上は望めない、と言う。欧米の「人権」なるものを押し付ける、人権外交はけしからん、みたいな、要するに生前のリー・クワンユーが聞いたら喜びそうなことを、欧米のリベラルな哲学者たちが言いはじめている。

不思議なことに、いわゆるアジア的価値論、リー・クワンユーやマハティールとかが言うことには批判的な人たちが、ロールズの政治的リベラリズムとかに共感的だったりする。両者は実は収斂しているのに。

一見寛容に見えるけど、非欧米世界は勝手にやれ、みたいな態度ですよ。欧米の哲学が内向きになっている。

本当は、人権も民主主義も、欧米においてすら未完の課題なのに、それらは西欧社会の自分たちの独占物で、もう伝統として血肉化している、と。人権とか民主主義とかは、西欧のおれたちの使命、おれたちのアイデンティティだ、と。外のやつらは、イスラムだろうとなんだろうと、関係ないよ、という態度。偏見。これはオリエンタリズムですね。

そういう傾向とともに、哲学がやってきた真理の探究とか、普遍的な正義の探究とかを、あざ笑い、放り投げる傾向が出てきた。私は、その流れの代表として、ロールズの転向を厳しく批判してきました。その実践的帰結が、グローバルジャスティスを否認していくというひどい傾向をもっているから。

メタのためのメタ

もう一つ、今、メタ倫理学のちょっとした復活流行が起きている。

それには、こういう背景がある——たしかに一時期、ロールズの「正義論」が注目されて、いろいろな人が発言し、それまで隆盛だったメタ倫理学に代わって規範的正義論の復活だと、欧米の哲学界が活況を呈した。

しかし、ある時点でそれが飽和してしまった。功利主義対人権とか、リバタリアン対平等主義者だとか、いろいろ議論されたけど、規範的正義論の範囲で言えることは、ほぼ言い尽くされたかな、と。本当はそうではないんだけど、今の若い世代や中堅どころは、そういう感覚をもつ。

その結果、規範的正義論よりも、もう一度、メタ倫理学に逆戻りしている傾向があるわけです。

もう正義の中身とかについて規範的議論をするよりは、価値判断の意味分析とか、認識論的な分析とか、そういうメタ倫理学のほうに戻っちゃったほうが論文が書きやすいと。たとえば、私の研究室にも新しい本がいろいろ入荷してきているけど、オックスフォードスタディーズのメタエシックス（メタ倫理学）シリーズとかすでに七巻出てて、まだ続きがどんどんあるみたいだけど。

私はメタ倫理学が重要じゃないと言うつもりはないんだけど、私が若いころは規範的正義論の基礎的な枠組みをつくるために、メタ倫理学をやる問題意識が強かった。

たとえば、メタ倫理学のなかで、非認知説の代表選手、前にちょっと名前を出したリチャード・ヘアという人がいる。彼は、指図主義と普遍化可能性テーゼにもとづいて、規範的正義論としては功利主義が正しいということを言うために、つまり、功利主義のがっちりした理論的な構築のために、メタ倫理学をやったわけです。

私も、前に述べたように、助手論文で、価値相対主義を批判し、規範的正義論を復権させるためにメタ倫理学をやりました。

でも、今の世代は、規範的正義論に飽きたからメタをやりましょう、という感じ。実践的な問題意識とか、世の中の不正をどうするかとか、そういったことから退却しちゃってね。メタのためのメタをやっている、という傾向が非常に強くなっている。

二〇一四年の九月に、私がハーバードにいたときに世話になったトマス・スキャンロン教授〔一九四〇— 米国の哲学者〕に久しぶりにあった。彼は、ロールズのお弟子さんというか、弟分くらいの懐刀でした。その彼も、同じようなことを言っていた。

われわれも若いころ、メタをやったけど、今またメタが流行っていると言うと、彼は面白い比喩《ひゆ》で答えた。ハーバードスクエアに、学生たちがよく行く名画座があったんだけど、映画を観ていると友達どうしでしゃべりたくなって、いったん名画座を出る。そして、戻ってきたら、また同じ映画の同じシーンをやっていた——そんな感じだ、と。

でも、今のメタ倫理学は、規範的正義論の構築のためのそれではない。やっぱり、メタのためのメタ、なんだ。

哲学の死

二〇世紀半ば、分析哲学がつまらないと言われていたなか、ロールズが規範的正義論を復権させることで、分析哲学がかなり面白くなったわけよね。その分析哲学が、また「メタ」に逆戻りしている。

では、分析哲学を超えるところで、何かポジティブな動きが起こっているかというと、必ずしもそうじゃない。

ポストモダン派とか、ああいうのも、脱構築のあげくに、保守化している。

デリダはやや例外だ、という話は前にしましたね。法は脱構築できるけど、正義は脱構築できない、と言った。

そういう人も一部にいるけれど、ポストモダン派は、結果的に、現状追認になっている。象徴的なのが、アメリカの批判的法学研究運動、「クリティカル・リーガル・スタディーズ」という運動に起こったことですね。

これは、もともと左翼ですよ。ハーバード大とかイェール大とかの一流ロースクールの若手教員が中心の左翼運動。

ハーバードの場合、ロベルト・アンガー〔一九四七― ブラジル出身の哲学者、政治活動家〕という、ブラジルの革命家の息子が、二九歳かなんかでロースクールのプロフェッサーになった。ダンカン・ケネディ〔一九四七― アメリカの法学者〕とかも有名だな。

こういう人たちは、リベラリズムは中途半端だと批判した。アメリカみたいなものすごい階級対立があるところで、リベラリズムは「性差別はダメだ、同性愛者を保護せよ」とかそういうことばかり言っているけど、階級社会的な経済的不正義を抜本的に変えることはしていない、といった批判ですね。

そういうマルクスボーイ的な主張。そして、アメリカのロースクールが教えている「法の支配」だのは、そういうリベラル派寄りで生ぬるい、といった批判をした。

でも、彼らのあとの、批判的法学研究運動の第二世代は、ポストモダン派の影響をすごく受けた。この第二世代は、左翼イデオロギー自体を脱構築しはじめるわけ。

第一世代のダンカン・ケネディやアンガーには、社会の根本的な不正を正そうとするマルキスト寄りの思想があったわけだけど、第二世代は、そういうのは「大きな物語」だ、と。体制を根本的に変革できる理念があるなんていうのは、「大きな物語」への信仰で、そんなのはもう古臭いんだ、と言う。

で、どうするかというと、大きな物語はやめて、局所的な問題をあつかいましょう、と。問題があったら、一つ一つ解決していけばいいじゃない、と、エドマンド・バーク〔一七二九―一七九七　イギリスの政治家、思想家。フランス革命を否定、保守主義の父とされる〕の漸進的改良主義みたいなほうへ向かうんだな。そして、既存の大きな政治経済的枠組みそのものは不問にしていく。

ポストモダン的脱構築運動も、デリダの世代は、はっきり言わないけど、やっぱり元マルクスボーイなんだ。だけど、そのあとの世代は、そういう左翼性が抜けてしまった。

これは、フェミニズムのほうもそうだな。

脱構築フェミニズム。バトラー〔ジュディス・バトラー　一九五六―　アメリカの思想家〕なんてのが有名ですね。『ジェンダー・トラブル』という本を書いて、若いのにスターにさせられちゃった。

こういう人たちは、言うことはすごくラディカルなんだね。フェミニズムの場合は、男らしさの本質とか、女らしさの本質とか、そういうものはない、と脱構築するのはいいんだよ。

しかし、勢いあまって、平等とか正義とか人権とか、そういう価値も脱構築する。人権は、ノーマルな存在としての人間を想定しているからダメ、とか何とかいう形で。

そんなふうに、実際のさまざまな社会的差別を批判するための、根拠となる規範的理念も脱構築しちゃうから、なぜこれが不当なのか、これを改革するにはどういう代替的制度があるのか、といった問題に、あまり真剣な関心をもたなくなる。

それよりは、既存の意味秩序を攪乱してやればいい、というわけで、ドラッグクイーンのような、男か女かわからないような格好で練り歩くとか、そういうパロディ的な方向にいく。要するに、エスタブリッシュメントをパロってやればいい、みたいなね。

これって、一見ラディカルに見えるけど、実は現状の構造に手をつけることなく、そのなかで茶化して喜んでいるだけだ。だから、当世風の静寂主義、クワイエティズムだと、マーサ・ナスボーム（ヌスバウム）〔一九四七— 米国の哲学者、倫理学者〕のような規範的正義論を重視するフェミニストたちからも批判されている。

さっきのクリティカル・リーガル・スタディーズの脱構築派と、フェミニズムの脱構築派は、同じ方向を向いている。実は彼らも、一流大学を出た、エリートたちだからね。社会での出世の波に乗っている。簡単に言うと、「頭は左、財布は右」。

それと同時に、ロールズにつらなる古い世代が、先進諸国の既得権を肯定するような、そういう議論をする。つまりは、老いも若きも、保守化している。それが、哲学の死に結びついている。そういう気がします。

私は、若いころ低血圧だったのに、グローバルな規模で不正がのさばっている現実に怒り、それに呑み込まれてゆく哲学の死に怒り、最近は高血圧化してしまって、降圧剤を飲み始めてます。しかし、今の状況を見ていると、還暦すぎたからといって円《まる》くなっていられない。「怒りの法哲学者」として、角《かど》を立てて生きていきますよ。

あとがき

本書は、私にとって冒険である。これまで、雑誌などで、インタビューや対談を刊行した経験はあるが、一つの書物をまるごと、インタビュアーの質問への応答という形で公刊するのは初めてである。芸能人、作家、タレント学者等々の人々の間では、珍しくもなんともない本の作り方だろう。しかし、法哲学という「超硬派」の学問の専攻者として、これまで、学術的な著作を発表してきた私としては、正直に言うと、少なからざるためらいが、さらには恥じらいもあった。

それを振り払って、本書の刊行に踏み切ったのは、企画者でインタビュアーである毎日新聞出版の志摩和生氏の情熱に、そして危機感に感応したからである。

いま、「一強多弱」と言われる自民党の圧倒的優位の下で、安倍政権による政治の右旋回が急速に進む一方、野党勢力は民主党も他の諸党も党派間・党派内で右から左まで分裂し、リベラルな対抗軸は結集されていない。

それどころか、慰安婦報道問題等での不祥事を契機とする朝日新聞へのバッシングに象徴されるように、「リベラル嫌い」が、「右翼」や「ネトウヨ」の枠を超えて、一般の人々の間にも広がっている。しかし人々に迷いもある。たしかにリベラル派を気取るメディアや知識人は胡散臭い。でも強引に右旋回する安倍政権とそのシンパにも危うさがあり不安だ、と。

リベラリズムの哲学的基礎を解明し、その観点から法と政治の問題を考察してきた私には、まさにいま、この状況下でこそ、リベラリズムの原理とは何かを一般社会に対して説明し擁護する知的・実践的な責任があるのではないか。いつやるのか。いまでしょう。こんな檄が、もっと柔らかい表現によってではあるが、志摩氏から私に飛んできた。

遅筆の私が、これまでのような学術的スタイルで一書をまとめようとしたら、何年かかるか分からない。インタビュー形式でまとめるなら、いまやれる、と。ここまでお膳立てしてもらってノーと言ったら、それは思想界に身を置く人間として、恥じらいの美徳などではなく、恥そのものだろう。ということで、覚悟を決めて引き受けた。

覚悟を決めた以上、書名も志摩氏の提案に従った。いまの日本で胡散臭がられているリベラル派に対しても、リベラリズムを清算しようとしている勢力に対しても挑発的な書名だが、何よりも私自身に対して挑発的である。この書名は、「お前の擁護しようとしているリベラリズムは胡散臭いリベラルとどこが違うのか、一般読者に分かるように説明してみよ」という、挑発的な「お題」を私に課している。この「お題」は簡単でないという意味で、挑戦的でもある。

この「お題」に答える本書は、現下の政治状況に対する応答を動機としているが、単なる時局論ではない。時局的問題にも論及しているが、主たる狙いは、時局的問題を読者が自ら筋道を立てて原理的に考察するための哲学的視座を提供することである。

このような哲学的視座として私が提示するリベラリズムは、胡散臭いリベラルの欺瞞と、右旋回勢力が惑溺する権力の専横の双方を批判的に乗り越えようとする。しかし、「第三の道」を示す試みは、人々の視線が既存の二つの道に釘付けにされている場合は理解されにくい。目立つ光景によって不可視化されている空間に気付いてもらうこと、罵倒しあう諸勢力の大声によってかき消されている「異なった声」に耳を傾けてもらうことは、容易ではない。とりわけ、多くの人々が見たくない、聞きたくない「不都合な真実」も一部、その空間において示され、その声によって語られている場合はそうである。

本書で提示するリベラリズム像は、多くの人々にとって、見えにくいもの、聞こえにくいものだけでなく、目障りなもの、耳障りなものも含んでいると思う。私の徴兵制論はその一例だろう。本書のメッセージが読者に届かない、あるいは届いても黙殺、聞き捨てされるリスクはある。その意味で、本書は思想的な冒険である。

本書が私にとって冒険である理由は、さらにもう一つある。一般読者を名宛人としたインタビュー形式の本書では、私は文体の冒険も試みている。

「平易明晰」と世間では言うけれど、平易さと明晰さは両立が難しい。明晰であるためには、概念を精緻化し議論を厳密化しなければならないが、そうすると読者に課される思考の負荷は重くなり、平易でなくなる。これまでの私の著作が、しばしば世間で「難解だ」と言われてきた理由はここにあると思う。私は人を煙に巻く曖昧な言説が嫌いで、明確で厳密な議論に拘ってきた。専門的な予備知識がなくても議論のステップを丹念にフォローする忍耐力さえあれば、誰でも理解できる明晰な文章を書くことに努めてきた。しかし、その分、「すーっと楽に読める」という平易さには乏しかったようだ。哲学分野のあるベテラン編集者から、「井上さん、少し、抜いてください」と言われたこともある。

本書は、「平易な哲学書」をめざしている。説明を丹念にする必要があるところでは明晰志向が顔を出しているが、基本的に平易をもって旨としている。明晰性を過度に犠牲にせずに平易に語ることは、言うは易く行うは難しい。私にとっては、これも冒険である。

本書の以上のような冒険がどの程度成功しているか、判断は言うまでもなく、読者に委ねられている。まずまず成功しているとしたら、それは本書の企画編集を担当した志摩氏の支援に負うところが大きい。特に、文体の冒険の遂行は、彼の裏方的尽力がなければ不可能であった。一九九二年、ほぼ四半世紀前に、バブル後の日本の社会変革理念を提示するために、学界同僚二人との共著『共生への冒険』を毎日新聞社から刊行したが、このときの編集担当者も志摩氏であった。重要な時代の節目節目に、「いまやるべき冒険」へと私を駆り立ててくれる彼の編集者魂に、敬意と謝意を表したい。

満開の薔薇を愛でつつ、散りゆくを惜しみつつ

二〇一五年五月

井上達夫

井上達夫（いのうえ・たつお）
1954年、大阪市生まれ。77年、東京大学法学部私法コース卒業。東京大学法学部・教養学部助手、千葉大学法経学部助教授、ハーバード大学哲学科客員研究員、東京大学法学部助教授を経て、95年より東京大学大学院法学政治学研究科教授。法哲学専攻。86年、『共生の作法――会話としての正義』で、(86年度）サントリー学芸賞（思想・歴史部門）受賞。2005年、『法という企て』で、第17回（04年度）和辻哲郎文化賞（学術部門）受賞。09～13年、日本法哲学会理事長。05～14年、日本学術会議会員。

［主な著書］
『共生の作法――会話としての正義』（創文社、1986）
『他者への自由――公共性の哲学としてのリベラリズム』（創文社、1999）
『現代の貧困』（岩波書店、2001　岩波現代文庫版、2011）
『普遍の再生』（岩波書店、2003　岩波人文書セレクション版、2014）
『法という企て』（東京大学出版会、2003）
『哲学塾――自由論』（岩波書店、2008）
『世界正義論』（筑摩書房、2012）

リベラルのことは嫌《きら》いでも、
リベラリズムは嫌《きら》いにならないでください
――井上達夫《いのうえたつお》の法哲学入門《ほうてつがくにゅうもん》

印　刷　2015年6月5日
発　行　2015年6月20日

著　者　井上達夫《いのうえたつお》

発行人　黒川昭良
発行所　毎日新聞出版 株式会社
〒100-8051 東京都千代田区一ツ橋1-1-1
営業本部　Tel 03（3212）3257
図書編集部 Tel 03（3212）3239

印　刷　精興社
製　本　大口製本

ISBN978-4-620-32309-1